Friedrich Strehlke

Paralipomena zu Goethes Faust, Entwürfe, Skizzen, Vorarbeiten und

Fragmente

Friedrich Strehlke

Paralipomena zu Goethes Faust, Entwürfe, Skizzen, Vorarbeiten und Fragmente

ISBN/EAN: 9783743624580

Hergestellt in Europa, USA, Kanada, Australien, Japan

Cover: Foto ©Thomas Meinert / pixelio.de

Weitere Bücher finden Sie auf **www.hansebooks.com**

Paralipomena

zu

Goethes Faust.

Entwürfe, Skizzen, Vorarbeiten und Fragmente

geordnet und erläutert

von

Fr. Strehlke.

Deutsche Verlags-Anstalt.
Stuttgart, Leipzig, Berlin, Wien.
1891.

Vorwort.

Eine nicht unbedeutende Anzahl von Bruchstücken, die zu Goethes Faust gehören, ist schon seit vielen Jahren bekannt. Einzelne Scenen, die nicht ausgeführt, sondern nur nach ihren Hauptmotiven in ein Schema gebracht sind, andere, die zwar ausgeführt waren, aber endgiltig nicht in den Rahmen des Ganzen passen wollten, gelegentlich entstandene Verse und Versstrophen, die verworfen oder vergessen wurden — vieles der Art bringt bereits die Cotta'sche Quartausgabe von 1836 und die späteren nahmen es natürlich wieder auf. Dazu kam noch einiges, dem der Dichter infolge von persönlichen Wünschen, wie derer des Berliner Theaterintendanten Grafen Moritz von Brühl und des Fürsten Anton Heinrich Radziwill zu besonderen Zwecken auch eine besondere Fassung gegeben hatte. Anderes ferner war durch Zufall in Privatbesitz gekommen und wurde unabhängig von den Ausgaben veröffentlicht.

Dieses eben bezeichnete Material hat indessen in neuester Zeit eine außerordentliche Vermehrung durch die zahlreichen Schriftstücke aus dem Goethe-Archiv erfahren, die jetzt im vierzehnten und fünfzehnten Bande der kritischen Weimarer Goethe-Ausgabe (1887 und 1888) abgedruckt sind.

In das Bereich des Neuen würde dann ferner noch die alte, wo nicht älteste Fassung des Faust gehören, die 1888 von Erich Schmidt unter dem Titel „Goethes Faust in ursprünglicher Gestalt nach der Göchhausen'schen Abschrift" herausgegeben ist, desgleichen der Entwurf der Helena von 1800, der zweihundert= fünfundsechzig Verse enthält. Aber beides hier aufzunehmen, wäre nicht statthaft gewesen, da die genannten Schriften die Texte geben und diese kaum eine Erläuterung notwendig machen. Ueberdies kann man eigentlich weder den „Urfaust" als ein Fragment des ganzen Gedichts noch den Entwurf von 1800 als eins der ganzen Helena ansehen. Es sind in gewisser Weise Dichtungen für sich, welche dann später die Grundlagen für andere Bearbeitungen desselben Stoffs wurden.

Das Material für die Nachlese ist auch ohnehin reichhaltig genug geblieben, um so mehr, da es notwendig schien, nicht allein eine Anzahl von Berichten der Zeitgenossen über die Fortführung des Gedichtes, sondern auch einige auf dieselbe bezüglichen Stellen aus Goethes Werken mit aufzunehmen. Zu den ersten gehören zum Beispiel die Mitteilungen von J. Falck, H. Luden und F. v. Matthisson, zu den letzteren die Ankündigung der Helena, einige der zahmen Xenien und eine längere Partie aus dem Maskenzuge zum 18. Dezember 1818.

Für die Sammlung selbst lag eine doppelte Aufgabe vor, einmal eine richtige und zweckmäßige Reihenfolge für die einzelnen Stücke zu gewinnen, zweitens aber besonders alles dasjenige zu erläutern, was auch für den Kenner des Faust nicht an sich ver= ständlich ist. Für das erste war der Weg durch die Natur der Sache gegeben. Das Gedicht selbst, so wie es in seiner Voll= endung vorliegt, als bekannt voraussetzend, mußte man die aufzunehmenden Schriftstücke, mochten es nun Entwürfe, Skizzen, Vorarbeiten oder eigentliche Fragmente, das heißt ganze oder teilweise ausgeführte Scenen, oder endlich einzelne Verse oder Strophen sein, so weit es möglich war, an die entsprechende Stelle der ausgeführten Dichtung anschließen. Das Mögliche hat indessen seine Grenzen und in nicht wenigen Fällen beruht die Einreihung nur auf einer vermuteten, aber nicht zu beweisenden Beziehung. Bei der Erläuterung des Einzelnen ferner stellte sich nicht selten heraus, daß sich in der Sammlung auch manches Unbedeutende und an sich Wertlose findet. Wir glaubten jedoch bei der Aufnahme nicht allzu ängstlich sein zu dürfen, und man wird sogar in dem gegebenen Texte eine Anzahl von Stellen finden, die auch nur als Varianten des Vorhandenen angesehen werden könnten. Aber alles dies kann unter Umständen dazu dienen, sei es, das Verständnis in irgend einem Punkte zu fördern, sei es, die verschiedenen Pläne, die der Dichter im Laufe der Zeit gemacht hat, zu erkennen und einer bestimmten Periode zuzuweisen. Neben dem Geringfügigen liegt aber auch vieles entschieden Wertvolle vor, und wenn Goethe dies, um seinen letzten Absichten nicht untreu zu werden, aus der eigentlichen Dichtung ausscheiden mußte, so bleibt es abgesehen von allem andern doch immer geeignet, einen Beitrag zu der Entwicklungsgeschichte derselben zu geben.

In den Anhang ist alles dasjenige verwiesen, wovon es den Anschein hat, daß es nicht eigentlich zu den Faustpapieren gehört oder auf die Erklärung von keinem Einfluß sein kann. Man kann indeß namentlich in Beziehung auf das letztere irren, und es war vor allem notwendig, eine möglichst vollständige Sammlung zu geben.

Für die Richtigkeit des Textes ist, außer den sonst benutzten Werken und älteren Ausgaben, namentlich die kritische Weimarer Ausgabe maßgebend gewesen, für die alles auf dem Goethe Archiv und sonst vorhandene Material umsichtig und sorgfältig herangezogen ist. Die wichtigeren Fälle, in denen unsere eigene Vergleichung der betreffenden Handschriften ein abweichendes Resultat ergeben hat, sind gleichfalls im Anhange bemerkt. Für die Orthographie ist uns der Text der Handschriften, so weit dieselben verglichen werden konnten, maßgebend gewesen; die Interpunktion dagegen ist im Interesse des Lesers unabhängig von denselben gemacht worden.

Berlin. Januar 1891.

Fr. Strehlke.

Inhalt.

Erster Teil.

Zweiter Teil.

Erster Akt.

Zweiter Akt.

Dritter Akt.

Vierter Akt.

Fünfter Akt.

Anhang.

Erster Teil.

Allgemeiner Entwurf.

Ideales Streben nach Einwirken und Einfühlen in die ganze Natur. Erscheinung des Geistes als Welt= und Thaten= genius. Streit zwischen Form und Formlosem. Vorzug dem formlosen Gehalt. Vor der leeren Form. Gehalt bringt die Form mit. Form ist nie ohne Gehalt. Diese Widersprüche, 5 statt sie zu vereinigen, disparater zu machen. Helles, kaltes wissensch[aftliches] Streben Wagner. Dumpfes, warmes wissen= sch[aftliches] Streben Schüler. Lebens=Genuß der Person von außen gesehen. Erster Theil. In der Dumpfheit Leidenschaft. Zweyter Theil. Thaten. Genuß nach 'außen und Genuß 10 mit Bewußtseyn. Schönheit. Schöpfungs=Genuß von innen. Epilog im Chaos auf dem Weg zur Hölle.

Vergl. W.=A. 14, S. 287.
Der Dichter stellt nachträglich dar, in welchem Sinne er im ersten Teile verfahren ist und wie er den zweiten zu gestalten gedenkt. Auffallend erscheint die hier ausgesprochene Absicht, den Gegensatz zwischen Inhalt und Form immer schärfer hervortreten zu lassen und auf die Spitze zu treiben, und es läßt sich eigentlich nicht sagen, daß dieselbe zur Ausführung gekommen sei.

2. Der Geist ist der „Erdgeist" und die Stelle deshalb von Bedeutung, weil sie die einzige ist, in der angegeben wird, wie er aufzufassen sei.

8. Schüler = Student, wie überhaupt im Faust. Nur in U. steht ge= wöhnlich Student und an zwei Stellen „Studiosus".

7. 9. Dumpfes, Dumpfheit. Vergl. 3352 U. 1416 ein Lieblings= wort aus der ersten Weimarischen Zeit, das eine Unklarheit der Empfindung ausdrückt, die jedoch mit einem gewissen Behagen, einer stillen Zufriedenheit, verbunden ist. In Goethes Tagebuch (3. August 1776) wird das Gedicht „Einschränkung" als „Gesang des dumpfen Lebens" bezeichnet.

12. Epilog u. s. w. — ist nicht zur Ausführung gekommen, weil der Abschluß des Gedichtes später ein ganz anderer wurde. Chaos scheint im

Sinne des antiken „Erebos“, genommen als der Raum zwischen der Ober= und
Unterwelt; P. 29 wird dasselbe als ein „festes“ bezeichnet; bisweilen wird das
Wort auch geradezu für „Hölle“ gebraucht, zum Beispiel bei G. von Welling
«Opus Mago-cabbalisticum et Theosophicum», I, 105. „Dort ist das Chaos,
der Aufenthaltsort des Lucifer mit allem seinem Anhang.“

Vorspiel auf dem Theater.

Nur heute schränkt den weiten Blick mir ein,
Nur heute laßt die Strenge mir nicht walten;
Laßt unser Stück nur reich an Fülle seyn,
Dann mag der Zufall selbst als Geist der Freiheit [?] walten.

5   Wenn Poesie nicht recht nach Laune sie verbinden.

Und wenn der Narr durch alle Scenen läuft,
So ist das Stück genug verbunden.

Irrthum, du bist gar zu schön,
Könnt' ich dich nur wieder finden!

10   Und wenn ihr schreiet, wenn ihr klagt,
Daß ich zu grob mit euch verfahre —
Und wer euch heut die Wahrheit sagt,
Der sagt sie euch auf tausend Jahre.

Vergl. C und für V. 9—10 W.=A. 15 b, S. 195.
V. 1—4 im Sinne von 95—100. — V. 5. Man ergänze vor dem
Vers, der allein steht, etwa: Auch tragische Begebenheiten oder wirklich große
Leistungen des Dichters ermüden. — V. 6—7 im Sinne der „Lustigen Person“
gehalten, ohne daß ein Anschluß an eine bestimmte Stelle möglich wäre.
V. 8—9. Vergl. 193 und V. 53 des Gedichtes „Zueignung“: „Ach, da ich
irrte, hatt' ich viel Gespielen.“ V. 10—13. Die Worte, welche entfernt an
6744 ff. erinnern, verdanken ihre Verweisung zu dem Vorspiele vielleicht nur
zufälligen Umständen. V. 13 auf= „bis auf“; vergl. 2361.

Improvisirte Strophen.

1.

So war es schon in meinen Tagen –
Ein jeder schlägt gar hoch sich an,
Und würdest du sie alle fragen,
Das Wichtigste hat er gethan.

Es lastet schwer die schwere Last,
Die selber du zu tragen hast,
Und ob ein andrer ächzt und keucht,
Für dich ist seine Bürde leicht.

2.

Was Völker sterbend hinterlassen,
Das ist ein bleicher Schattenschlag;
Du siehst ihn wohl; ihn zu erfassen,
Laufst du vergeblich Nacht und Tag.

Wer immerdar nach Schatten greift,
Kann stets nur leere Luft erlangen;
Wer Schatten stets auf Schatten häuft,
Sieht endlich sich von düstrer Nacht umfangen.

Vergl. „Rückblicke in mein Leben. (S. 55 und 58.) Aus dem Nachlasse von Heinrich Luden. Jena 1847." — Luden, der im Frühjahr 1806 als außerordentlicher Professor der Geschichte nach Jena berufen war, lernte dort im Sommer Goethe kennen, als derselbe eben von Karlsbad zurückgekehrt war. Bei einem langen Gespräche mit ihm, vorzugsweise über Faust und schließlich über den Wert des Geschichtsstudiums, machte Goethe aus dem Stegreife die obigen Verse, die er dem Mephistopheles in den Mund legt. Luden sagt selbst, daß er in Beziehung auf die beiden ersten Strophen für den Wortlaut nicht einstehen könne, wohl aber für die Richtigkeit der Reime und des Sinnes. — Die Verse selbst würden in den Gedankenkreis von 575 ff. gehören, ohne in das dortige Versmaß zu passen: daß dort Faust und nicht Mephistopheles spricht, käme nicht wesentlich in Betracht, weil Goethe seine eigene Ansicht bald den einen, bald den andern vertreten läßt.

Aus dem verkürzten Melodrama Fauſt.

(Nach 629.)

Hier ſoll ich bangen, ſoll ich wähnen,
Und hoffen in erneuter Pein,
Soll an Verzweiflung mich gewöhnen
Und größer als Verzweiflung ſeyn.
Du Erdengeiſt, kennſt du die Macht,
Was eine Menſchenbruſt vermag?
Ich breche durch. Nach dieſer Nacht,
Was kümmert mich ein neuer Tag?
Ich ſollte wohl im Jammer weilen.
Nachdem ich einmal dich geſchaut.
Sieh mich entſchloſſen, ſieh mich eilen,
Das Ende ſuch ich, keine Braut.

Vergl. W.-A. 14, S. 320 f., den Brief an Graf Brühl vom 1. Mai 1815 in „Johann Valentin Teichmanns Literariſcher Nachlaß, herausgegeben von Franz Dingelſtedt. 1863.“ und U. S. 95 unter dem 17. Mai 1815. - Bei den verſchiedenen Verſuchen, die ſeit 1812 in Weimar angeſtellt wurden, Fauſt bühnengerecht zu machen, kam Goethe auch auf den Gedanken, ihn zu melo= dramatiſcher Darſtellung als Monodram zu behandeln, ſo daß mit Ausnahme des Erdgeiſtes Fauſt der einzige Sprechende ſein ſollte. Zu dieſem Zwecke wollte er die beiden erſten Monologe kürzen und die Scene mit Wagner fortlaſſen, ſo daß alsdann 354—807 nur eine Scene bildeten. Dieſer Bearbeitung, von der er dem Berliner Theaterintendanten, Grafen Brühl, Mitteilung machte, wurden die obenſtehenden Verſe in der Weiſe eingefügt, daß ſie nach den Worten „Ins ungewiſſe Menſchenloos“ ihre Stelle erhielten.

Aus dem Maskenzuge zum 18. Dezember 1818.

Mephiſtopheles.

Hier ſteht ein Mann, ihr ſeht's ihm an,
In Wiſſenſchaften hat er gnug gethan,
Wie dieſes Vieleck, das er trägt,
Beweiſt, er habe ſich auf vielerlei gelegt.

Doch da er Kenntniß gnug erworben,
Ist er der Welt fast abgestorben.
Auch ist, um resolut zu handeln,
Mit heiterm Angesicht zu wandeln,
Sein Aeußres nicht von rechter Art,
Zu lang der Rock, zu kraus der Bart; 10
Und sein Geselle, wohlbedächtig,
Steckt in den Büchern übernächtig.
Das hat der gute Mann gefühlt
Und sich in die Magie gewühlt.
Mit Zirkeln und Fünfwinkelzeichen 15
Wollt' er Unendliches erreichen;
Er quälte sich in Kreis und Ring;
Da fühlt' er, daß es auch nicht ging.

Gequält wär' er sein Lebelang;
Da fand er mich auf seinem Gang. 20
Ich macht' ihm deutlich, daß das Leben,
Zum Leben eigentlich gegeben,
Nicht sollt' in Grillen, Phantasien
Und Spintisirerei entfliehen.
So lang man lebt, sey man lebendig! 25
Das fand mein Doktor ganz verständig.
Ließ alsobald sich wohlgefallen,
Mit mir den neuen Weg zu wallen.
Der führt' uns nun zu andern Künsten —
Die gute Dame war zu Diensten. 30
An einem Becher Feuergluth,
That er sich eilig was zu Gut'.
In einem Wink, eh man's versah,
Stand er nun freilich anders da;
Vom alten Herrn ist keine Spur, 35
Das ist derselbe, glaubt es nur!

Und wenn euch dies ein Wunder däucht,
Das Uebrige ward alles leicht.
Ihr seht den Ritter, den Baron,
40   Mit einem schönen Kinde schon.
Und so gefällt es meinem Sinn,
Der Zaubrin und der Nachbarin.
Ich hoffe selbst auf eure Gunst.
Im Alter Jugendkraft entzünden,
45   Das schönste Kind dem treusten Freund verbinden,
Das ist gewiß nicht schwarze Kunst.

In der langen Reihe von Dichtungen des Weimarer Kreises, die in diesem Maskenzuge in gewisser Weise plastisch zur Darstellung gebracht werden, ist auch „Faust" zu finden. Die Worte über ihn sind dem Mephistopheles in den Mund gelegt, der von Goethes Sohne gespielt wurde. Von Interesse ist besonders, daß Faust von zwei verschiedenen Personen vorgeführt wurde, als Mann von gereiften Jahren und dann nach dem Verjüngungstranke zur Jugend zurückgekehrt. Diese Trennung ist auch später bei Aufführungen des Faust gelegentlich in Erwägung gezogen worden, indessen unsres Wissens niemals zur wirklichen Ausführung gekommen.

3. Bieleck. Fausts Kopfbedeckung als Symbol der vielen Wissenschaften, die er kennen gelernt hat.

10. Beziehung auf 2055.

15—18. Zirkel — sind die magischen Kreise, welche bei Beschwörungen notwendig sind. Vergl. das Gedicht Schatzgräber V. 9. „Und so zog ich Kreis' um Kreise". Fünfwinkelzeichen ist Uebersetzung von Pentagramm (1396).

30. Die gute Dame — die Hexe in der Hexenküche.

40—41. Zur Erklärung genügen Goethes eigene Worte in dem Entwurf des Festzugs: „Das Personal von Faust giebt Anlaß zu einem umgekehrten Menächmenspiele. Hier sind nicht zwei, die man für einen halten muß (wie in dem Stücke von Plautus und in Shakespeares „Die beiden Veroneser"), sondern ein Mann, der im zweiten nicht wieder zu erkennen ist: Faust als Doktor, begleitet von Wagner, Faust als Ritter, Gretchen geleitend. Die Zauberin, die das Wunder geleistet mit glühendem Becher, tritt zwischen beiden Paaren auf. Mephistopheles verläßt Marthen (die Nachbarin), um seine Gesellschaft selbst zu exponiren."

Studirzimmer.
1530—1867, 2051—2072.

Mich darf niemand aufs Gewissen fragen,
Ich schäme mich offt meines Geschlechts;
Sie meynen, wenn sie Teufel sagen,
So sagen sie was rechts.

Mein Freund, wenn je der Teufel dein begehrt,　　　　5
Begehrt er dein auf eine andere Weise;
Dein Fleisch und Blut ist wohl schon etwas werth,
Allein die Seel' ist unsre rechte Speise.

1. Halbchor: Wird er schreiben?
2. Halbchor: Er wird schreiben.　　　　10
1. Halbchor: Er wird nicht schreiben.
2. Halbchor: Er wird schreiben.
　Chor: Blut ist ein ganz besonderer Saft,
　　　Wirkend im Innern Kraft aus Kraft.
　　　Reißt ihn die Wunde rasch nach Aussen,　　　　15
　　　Draussen wird er wilde, wilder haussen.

Wenn du nur von den Bissen leben solltest,
Die dieser oder jener dir gegönnt

Wer's mit der Welt nicht lustig nehmen will,
Der mag nur sein Bündel schnüren.　　　　20

Und schleppe bey diesem Sclaven-Schritt,
Das lange Kleid, die weiten Ermel mit.

　Wenn du von aussen ausgestattet bist,
　So wird sich alles zu dir drängen,
　Ein Kerl, der nicht ein wenig eitel ist,　　　　25
　Der mag sich auf der Stelle hängen.

Seht mir nur ab, wie man vor Leute tritt:
Ich komme lustig angezogen,
So ist mir jedes Herz gewogen;
30   Ich lache, jeder lacht mit mir.
Ihr müßt wie ich nur euch selbst vertrauen
Und denken, daß hier was zu wagen ist;
Denn es verzeihen selbst gelegentlich die Frauen.
Wenn man mit Anstand den Respekt vergißt.
35   Nicht Wünschelruthe, nicht Alraune —
Die beste Zauberey liegt in der guten Laune.
Bin ich mit allen gleich gestimmt,
So seh ich nicht, daß man was übel nimmt.
Drum frisch ans Werck und zaubert mir nicht lange,
40   Das Vorbereiten macht mir bange.

Geisterchor: Hinaus! Hinauf!
Kühn und munter.
Sind wir einmal oben drauf,
Gehts wieder herunter.

1—4. Vergl. „Erinnerungen aus den zehn letzten Lebensjahren meines
Freundes Anton Reiser. Als ein Beitrag zur Lebensgeschichte des Herrn Hof=
rath Moritz von Karl Friedrich Klischnig. Berlin 1794 (S. 211)." Der Ver=
fasser, welcher die Selbstbiographie von Moritz (Anton Reiser, ein psychologischer
Roman. 4 Bände. 1785—1790.) nach dessen Tode (1793) fortsetzte, berichtet,
Moritz habe aus der Zeit seines Verkehrs mit Goethe, sei es in Italien, sei
es später (Ende 1788) in Weimar mehrere Stellen aus Faust, die noch nicht
gedruckt waren, im Gedächtnis behalten. Als Beispiel giebt er außer einer
später zu erwähnenden Scene die obigen Verse, ganz in dem Wortlaut der
späteren Ausgaben, nur daß V. 3 und 4 vor V. 1 und 2 steht und das Wort
„offt" fehlt. — Die Verse selbst stehen ihrem Inhalt nach in Beziehung zu
1327 f. und 1338, also zu einer Scene, die im Faust-Fragment (1790)
noch fehlt.
5—8. Vergl. W.=A. 14, S. 288. Auf die Vertragsscene 1650 ff. hin=
weisend.
9—16 und 42—45. Vergl. Compositionen zu Goethes Faust vom Fürsten
Anton Radziwill in Commission bei T. Trautwein (1835). — Goethe hatte

auf Wunsch des Komponisten im Fauſt einige Stellen ſeines Textes erweitert,
einiges auch ganz neu eingelegt. Zu den letzteren gehören die obigen Verſe,
welche, direkt an die Worte „So mag es bei der Fratze bleiben" (1739) ſich
anſchließend, den in der Dichtung kurz gehaltenen, ja eigentlich nur gerade
ausgeſprochenen Verſchreibungsakt verlängern. Der Geiſterchor, der die Worte
ſingt, iſt unſichtbar und dabei in zwei Hälften geteilt zu denken.

17—18. W.-A. 14, S. 312. Da die Worte vermutlich in dem Sinne er-
gänzt werden müſſen, daß Fauſt von Mephiſtopheles daran erinnert wird, für
ſeinen eigenen Genuß oder Erfolg ſelbſt Sorge zu tragen, ſo liegt wenigſtens
eine mögliche Anknüpfung an 1816 vor.

19—20. W.-A. 15 b, S. 219. Die dort dem zweiten Teile zugewieſenen
Verſe ſind ganz im Sinne der hier unmittelbar folgenden Fragmente gehalten.

21—40. Vergl. C und W.-A. 14, S. 289 f. Zur Vertragsſcene gehörig,
und dem entſprechend an 1544 oder noch wahrſcheinlicher an 2055 ff. anzu-
ſchließen.

41—44. Die Verſe ſind an die Worte des Mephiſtopheles „Und ſind wir
leicht, ſo geht es ſchnell hinauf" (2071) angeſchloſſen.

Schema zur Disputation.

Halbchor andre Hälfte. Tutti der Studenten den Zuſtand
ausdrückend. Das Gedräng die Wogen [?] das ein und aus-
ſtrömen.

Wagner als Opponent letzter. Macht ein Compl[iment].
Einzelne Stimmen. Rektor zum Pedell. Die Pedellen, die Ruhe   5
gebieten.

Fahrender Scholaſticus tritt auf. Schilt die Verſammlung.
Chor der Studenten Halb. Ganz. Schilt den Reſpondenten
Beſcheiden dieſer lehnts ab.

Fauſt nimmts auf. Schilt ſein Schwadroniren. Verlangt 10
daß er articulire. Meph[iſtopheles] thuts, fällt aber gleich ins
Lob des Vagirens und der daraus entſtehenden Erfahrung.

Chor halb. F[auſt] Ungünſtige Schilderung des Vaganten.
Chor halb

15 M. Kenntnisse, die dem Schulweisen fehlen.

F. *Prōti ousian* im schönen Sinne. Fordert den Gegner auf, Fragen aus der Erfahrung vorzulegen. Die F[aust] alle beantworten wolle.

M. Gletscher Bolog[nesisches] Feuer. Charibdis Fata
20 Morg[ana]. Thier. Mensch.

F. Gegenfrage, wo der schaffende Spiegel sey.

M. Compliment, die Antwort einandermal

F. Schluß Abdankung.

Majorität. Minorität der Zuhörer als Chor.

25 Spatium. Wagners Sorge, die Geister mögten sprechen, was der Mensch zu sich zu sagen glaubte.

Dem Dottorschmaus, bei welchem Mephistopheles zuerst als Diener seine Pflicht erfüllen will (1712), mußte die Promotion mit der Disputation vorausgehen. In der That war die Ausführung der Scene beabsichtigt, wie denn Goethe am 6 April 1801 an Schiller schreibt: „Ich hoffe, daß bald in der großen Lücke nur der Disputationsactus fehlen soll, welcher denn freilich als ein eigenes Werk anzusehen ist und aus dem Stegreif nicht entstehen wird." Diese Hoffnung erfüllte sich nicht; denn außer dem obigen Schema sind vermutlich nur die nachfolgenden dreizehn Verse, und die zwölf vereinzelten Strophen und Verse des nächsten Stücks für den genannten Zweck bestimmt gewesen.

2. Die Wogen. Neue Lesart in W.=A. 14, S. 290 — bisher das Wogen, ebenso 5 Pedellen statt Pedelle, 9 die Hinzusetzung des früher fehlenden Wortes „Bescheiden" und 19 Charibdis.

7. Fahrender Scholasticus ist Mephistopheles.

8. Respondent — der Dottorandus.

11. Articulire — einzelne Sätze aufstellen und sie beim Disputiren auseinander halten.

12. 13. Vagiren. Vaganten fahrende Schüler (Scholastici) überhaupt, von denen keiner außer demjenigen, der sie verteidigt, als anwesend zu denken ist.

19. 20. Bolognesische Feuer beschreibt Goethe in der Italienischen Reise, Fata Morgana im Faust 10584—10592.

20. Mensch — daß hier gerade an das Rätsel der Sphinx zu denken wäre, müßte doch irgendwie angedeutet sein.

21. Schaffende Spiegel — gewiß derselbe, den Faust in der

Hexenküche sieht und der dort die von ihm gesehene Gestalt (2429 ff.) selbst hervorzubringen scheint.

25—26. Man muß wohl annehmen, daß der Spiegel Geister herbeischafft und diese den Menschen in die oben angegebene Täuschung versetzen.

— — —

Ausführung der ersten beiden Zeilen des vorigen.

Auditorium. Disputation.

Schüler von innen.

Laßt uns hinaus! wir haben nicht gegessen.
Wer sprechen darf, wird Speis und Tranck vergessen,
Wer hören soll, wird endlich matt.

Schüler von außen.

Laßt uns hinein! wir kommen schon vom Kauen;
Denn uns hat der Convikt gespeist.   5
Laßt uns hinein! wir wollen hier verdauen;
Uns fehlt der Wein und hier ist Geist.

Fahrender Scholasticus.

Hinaus! Hinein! Und keiner von der Stelle!
Was drängt ihr euch auf dieser Schwelle!
Hier außen Platz und laßt die innern fort,   10
Besetzt dann den verlaßnen Ort.

Schüler.

Der ist vom fahrenden Geschlecht.
Er renomirt, doch er hat recht.

Vergl. C und W.-A. 14, S. 291 f.

Einzelne zu dem Vorigen gehörigen Fragmente.

Auditorium. Disputation.

Zu suchen, wo auf Erden dieß geworden,
Das steht dem Herrn Vaganten frey;
Ob es im Süden oder Norden,
Mir ist es alles einerley.

5   Mit pathetischem Dünckel
Quadrirt den Zirkel,
Bissecirt den Winckel;
Und wo die Klügsten selbst sich wunderlich gebärden,
Das kann hier Schüler-Arbeit werden.

10   Und merck dir ein für allemal
Den wichtigsten von allen Sprüchen:
Es liegt dir kein Geheimniß in der Zahl,
Allein ein großes in den Brüchen.

Wer spricht von Zweifeln? laßt michs hören!
15   Wer zweifeln will, der muß nicht lehren;
Wer lehren will, der gebe was.

Das hat schon der Prophet gewußt;
Es ist gar eine schlechte Lust,
Wenn Ohim mit den Zihim sich begegnen.

20   Was uns zerspaltet, ist die Wirklichkeit
Doch was uns einigt, das sind Worte.

Die Wahrheit zu ergründen,
Spannt ihr vergebens euer blöd Gesicht;
Das Wahre wäre leicht zu finden,
25   Doch eben das genügt euch nicht.

Die bloße Wahrheit ist ein simpel Ding,
Die jeder leicht begreifen kann;
Allein sie scheint euch zu gering,
Und sie befriedigt nicht den Wundermann
Drum wollt ihr, daß man euch belüge,   30
Und dankt dafür, wenn . . . . . .
Und . . . . . .

Ey, was ich weiß, das brauch' ich nicht zu glauben.
Der Mensch ist gar erbärmlich dran,
Und es steht nur dem Teufel an   35
Ihm noch das Bißchen Sicherheit zu rauben.

Der ganze Fehler ist daher entstanden —
Das, was ihr wißt, das könnt ihr nicht genießen.

Was man genießt, das braucht man nicht zu wissen.

Denn zum erkennen ist der große viel zu klein,   40
Und zum genießen ist der kleinste groß genug.

Als Pudel als Gespenst und als Scholasticus
Ich habe dich als Pudel doch am liebsten.

V. 1—9. W.-A. 14, S. 292 f. Es ist wahrscheinlich, daß V. 1—4 für Faust, V. 5—9 für Mephistopheles bestimmt waren, aber nicht sicher.

V. 6—7. Zwei unlösbare mathematische Probleme, die Quadratur des Kreises und die Dreitheilung des Winkels (bissecire = zweimal schneiden).

V. 17—19. W.-A. 14, S. 293 und in etwas anderer Fassung 15 b S. 183: „Das haben die Propheten schon gewußt: Es ist gar eine schlechte Lust Wenn Ohim, sagt die Schrift, mit Zihim sich begegnen." — Vergl. Jesai. 13, 19—21, wo die Zerstörung Babylons verkündet und aus dieser dann der Schluß gezogen wird, „daß die Araber keine Hütten daselbst machen und die Hirten keine Hürden da aufschlagen. Sondern Zihim werden sich da lagern und ihre Häuser voll Ohim sein." Auch im Tagebuche Goethes finden sich unter dem 6. Juli 1777 die Worte „Ohims und Zihims", die möglicherweise mit den darauf folgenden „auf dem Rückwege verirrt" in Zusammenhang stehen. Unter Ohims versteht man ächzende, heulende Tiere, die in veröbeten Trümmern von Gebäuden hausen, Marder, Uhus (die Vulgata überseßt „Drachen"). Die Zihims, im biblischen Text auch noch Jesaj. 23, 13 und Psalm 72, 9 vorkommend, werden gewöhnlich als Wüstenbewohner aufgefaßt, wie de Wette auch die zweite Stelle überseßt, während Luther sagt, „die in der Wüste", die Septuaginta und die Vulgata «Aethiopes».

V. 20—21. W.=A. 14, S. 282. Die Worte werden noch in einer zweiten Fassung mitgeteilt: „Das was uns trennt, das ist die Wirklichkeit, Was uns verbindet das sind Worte."

V. 22—25. W.=A. 14, S. 293.

V. 26—32. W.=A. 14, S. 313 — mit dem Vorigen dem Inhalte nach so nahe verwandt, daß der unmittelbare Anschluß daran gerechtfertigt ist.

V. 33—41. W.=A. 14, S. 312.

V. 42—43. W.=A. 14, S. 292.

Auerbachs Keller in Leipzig (?).

Und wenn's der Teufel ernstlich meint,
So sind es wahrlich keine Späße.

W.=A. 15 b, S. 217. Verwandt mit 2301 und 2321, wo es Mephistopheles allerdings noch nicht ernstlich meint, sondern nur etwas Feuer zum Besten giebt, das er scherzhaft als „Fegefeuer" bezeichnet.

Nach der Scene „Auerbachs Keller in Leipzig".

Faust. Mephistopheles].

F. Umgekehrte Richtung der Jugend.

M. Gegen Roheit.

F. Widerspricht. Jugend Elasticität, der Theilnahme fehlend. Vortheile der Roheit und Abgeschmacktheit.

5 M. Vorschlag. Geschichte des Trancks.

Vergl. W.=A. 14, S. 295. Während die Stellung, welche dem Schema zu geben ist, klar vorliegt, ist es etwas gewagt, eine Erklärung der Worte geben zu wollen.

1. **Umgekehrte** — setzt etwas Früheres voraus; mit der Richtung, welcher die Studenten in Auerbachs Keller folgen, könnte höchstens das erste Glied des Gegensatzes gemeint sein.

2. **Roheit** — ebenso wie später Abgeschmacktheit ist noch keine Schlechtigkeit, jene könnte also immerhin dem Mephistopheles zuwider sein.

3. **Theilnahme** — für andre Menschen; die Jugend ist egoistisch.

4. **Fehlend** = entbehrend, wodurch sich der in der älteren Sprache bei „fehlen" nicht seltene Genitiv erklärt.

5. **Trank s** — der Verjüngungstrank der Hexe. — Eine Geschichte desselben wird nirgends gegeben.

Land=Straße.

Ein Kreuz am Wege, rechts auf dem Hügel ein altes Schloß, in der Ferne ein Bauerhüttgen.

Faust. Was giebts Mephisto, hast du Eil?
Was schlägst vorm Kreuz die Augen nieder?

Meph. Ich weis es wohl es ist ein Vorurteil,
Allein, genug mir ists einmal zu wider.

Vergl. die bereits S. 10 erwähnte Schrift von Klischnig (S. 211); nach ihm in den Werken von Heinrich Heine, in C seit 1836, auch in U. und W.=A. 14, S. 294. — In dem Texte bei Klischnig fehlt V. 1 „Was giebts" und V. 4 heißt: „Allein es ist mir 'mal zu wider."

Hinter der Hexenküche.
(Skizze.)

Kleine Reichsstadt. Das anmuthige beschränkte des bürgerlichen Zustands. Kirchgang. Neugetauftes Kind. Hochzeit.

Vergl. W.=A. 14, S. 295. Zu der Scene „Vor dem Thor" können die Worte nicht gehören. Dort schwebt dem Dichter augenscheinlich seine Vaterstadt vor und die angedeuteten Motive passen nicht für die Gemütsstimmung Fausts beim Osterspaziergang. Richtiger ist wohl die Annahme in W.=A., daß Goethe an eine Art Einleitung der ersten Begegnung mit Gretchen gedacht hat, die anders als die bisherige motivirt werden sollte.

Doppelscene.

(Stizze.)

Andreas Nacht.
Mondschein.

Feld und Wiesen.   Vorstadt oder Platz.
Faust.   Gretchen.

Vergl. W.=A. 14, S. 295. Vermutlich waren zwei von einander unabhängige Monologe beabsichtigt, an die sich dann ein Gespräch angeschlossen hätte. Die Wahl der Andreasnacht (vom 29. zum 30. November) ist einmal der Zeit wegen zu beachten, weil sonst das erste Zusammentreffen zwischen Fauft und Gretchen in die Osterzeit gesetzt wird, dann aber auch, weil mit dieser Nacht die Vorstellung verbunden ist, daß ein Mädchen in ihr seinen künftigen Geliebten sehen kann. Vergl. 878.

Zwei Teufelchen und Amor.

Zwei Teufelchen tauchen aus der rechten Versentung.

A.

Nun, sagt' ich's nicht, da sind wir ja!

B.

Das ging geschwind! wo ist denn der Papa?
Wir kriegen's ab für unsern Frevel.

(Sie sind herausgetreten.)

A.

Er ist nicht weit, es riecht hier start nach Schwefel.
Wir gehn drauf los, so sind wir bald am Ziel.

Amor mit übereinander geschlagenen Füßen und Händen
wird durch die Versenkung links schlafend hervorgehoben.

B.

Sieh dort!

5

A.

Was giebt's?

B.

Da kommt noch ein Gespiel.
O der ist garstig! der ist gräulich!

A.

So weiß und roth, das find' ich ganz abscheulich.

B.

Und Flügel hat er wie ein Strauß.

A.

Ich lobe mir die Fledermaus.   10

B.

Es lüstet mich ihn aufzuwecken.

A.

Den Laffen müssen wir erschrecken.
A, a! E, e! I, i! O! U!

B.

Er regt sich, still! wir horchen zu.

Amor (an die Zuschauer.)

In welches Land ich auch gekommen,   15
Fremd, einsam werd' ich nirgend seyn.
Erschein' ich, Herzen sind entglommen,
Gesellig finden sie sich ein:
Verschwind' ich, jeder steht allein.

A. (nachäffend).

Allein.

B.

Allein.

Beide.

20   Wir beide sind doch auch zu zwein.

Amor.

Ja die Gesellschaft ist darnach!

A.

Er muckt noch!

B.

Sing' ihm was zur Schmach!

A.

Das ärmliche Bübchen!
O wärmt mir das Stübchen,
25   Es klappert, es friert.

B.

O wie das Kaninchen,
Das Hermelinchen,
Sich windet, sich ziert!

Amor.

Vergebens wirst du dich erbittern,
30   Du garstig Fratzenangesicht!
Verlust der Neigung macht mich zittern:
Allein der Haß erschreckt mich nicht.

(In den Hintergrund.)

B.

Das ist mir wohl ein saubres Hähnchen!

A.

Ein wahres derbes Grobiänchen!

B.

Gewiß ein Schalk wie ich und du.   35

A.

Komm, sehn wir etwas näher zu!
Wir wollen ihn mit Schmeicheln kirren.

B.

Das kleine Köpfchen leicht verwirren,
So gut als ob's ein großer wär'!
        (Beide verneigend).
Wo kommt der schöne Herr denn her?   40
Von Unsersgleichen giebt es hundert;
Nun stehn wir über ihn verwundert.

Amor.

Aus diesen krummgebognen Rücken,
Aus den verdrehten Feuerblicken,
Will immer keine Demuth blicken: 45
Ihr mögt euch winden, mögt euch bücken,
Euch kleidet besser Trotz und Grimm.
Ja, ihr verwünschten Angesichter,
Du erzplutonisches Gelichter,
Das, was du wissen willst, vernimm!   50

Ich liebe von Parnassus Höhen
Zur Pracht des Göttermahls zu geben;
Dann ist der Gott zum Gott entzückt.

Apoll verbirgt sich unter Hirten,
55   Doch alle müssen mich bewirthen,
Und Hirt und König ist beglückt.
Bereit' ich Jammer einem Herzen,
Dem wird das größte Glück zu Theil.
Wer freuet sich nicht meiner Schmerzen!
60   Der Schmerz ist mehr als alles Heil.

A. und B.

Nun ist's heraus und offenbar;
So kannst du uns gefallen!
Erlogen ist das Flügelpaar,
Die Pfeile, die sind Krallen.
65   Die Hörnerchen verbirgt der Kranz
Er ist ohn' allen Zweifel
Wie alle Götter Griechenlands
Auch ein verkappter Teufel.

Amor.

Ihr zieht mich nicht in eure Schmach!
70   Ich freue mich am goldnen Pfeil und Bogen,
Und kommt denn auch der Teufel hinten nach,
Bin ich schon weit hinweggeflogen.

Diese bereits C 4, 220—224 stehende Scene sollte nach Goethes Absicht der Gartenhausscene (3205—3216) vorangehen. (Er schickte sie zugleich mit der unmittelbar nachher folgenden Umarbeitung der letzteren an den Fürsten Radziwill, der sie indessen unsres Wissens nicht komponirt hat. Daß auch Goethe die Scene nicht in den Text aufgenommen hat, war sicher wohl überlegt. Es konnte nach der vorliegenden Situation weder von Interesse sein, die diabolische Seite, die in Fausts Liebe zu Gretchen liegt, schon hier hervortreten zu lassen, noch kann man die Darlegung des hohen Bewußtseins, in dem Amor spricht, recht am Orte finden. Es wird dadurch ein Konflikt hervorgerufen, dessen Lösung noch weit entfernt ist. Daß übrigens die kleinen Teufelchen bei alledem mit gutem Humor behandelt sind, braucht darum nicht verkannt zu werden.

B. 10. Fledermaus — gehört zu den vom Teufel bevorzugten Thieren. Zoilo = Thersites, in dessen Maske Mephistopheles auftritt, verwandelt sich in eine Otter und eine F. (5479).

B. 54. Apollo unter den Hirten — häufig vorkommendes Motiv in der bildenden Kunst wie in der Poesie. Vergl. 9558.

B. 63—68. Vergl. 4271—4274 die Worte des Orthodoxen, der außerdem noch den schönen Elfenkönig Oberon für einen Teufel hält.

Quartett für die Radziwill'sche Komposition des Faust.

(Erweiterung der Scene. „Ein Gartenhäuschen". (3205—3210.)

Margarete.

Er kommt! Er kommt so schnell,
Er wird mich fragen.
Da draußen ist's so hell —
Ich kann's nicht sagen.

Faust (kommt).

Ach, Schelm, so neckst du mich!　　　　　　5
Willst du's nicht sagen?
Ich lieb', ich liebe dich!
Sollt' ich nicht fragen?

Margarete.

Was soll denn aber das?
Warum verfolgst du mich?　　　　　　10

Faust.

Ich will kein ander Was,
Ich will nur dich!

Margarete.

Verlangst du noch einmal,
Was du genommen? —
15 Komm an mein Herz! du bist,
Du bist willkommen!

Faust.

O welchen süßen Schatz,
Hab' ich genommen!
So sey denn Herz an Herz
20 Sich hoch willkommen!

Marthe und Mephistopheles außen

Kluge Frau und kluger Freund
Kennen solche Flammen;
Bis der Herr es redlich meynt,
Laßt sie nicht beysammen!

Faust.

Wer da?

Mephistopheles.

Gut Freund!

Faust.

25 Ein Thier!

Mephistopheles
(mit Marthe hereintretend).

Nun endlich, so gefällst du mir!

Mephistopheles und Marthe.

Wer Gelegenheit gegeben,
Der soll leben;
Wer Gelegenheit benommen,
Schlecht willkommen!

Margarethe und Faust.

Sag, wer hat es uns gegeben,
Dieses Leben?
Niemals wird es uns genommen,
Dies Willkommen.

Vergl. S. 5 unter 9—16. Der Text, der in dem Radziwill'schen Drucke der Partitur gegeben wird, zeigt einige unwesentliche Veränderungen zu musikalischen Zwecken; wir geben denselben daher hier nach der Handschrift im Goethe-Archiv und W.=A.

Zur Scene „Wald und Höhle" (?).

O wo ist der Genuß, der der Begierde gleicht,
Und wo ist ein Genuß, der die Begier erreicht.

Vergl. W.=A. 14, S. 311 und 329 f.

Vor der Walpurgisnacht.

Zwischen Valentin= und Blocksbergscene?

Der junge Herr ist freilich schwer zu führen,
Doch als erfahrner Gouverneur
Weiß ich den Wildfang zu regieren
Und afficirt mich auch nichts mehr.

5 Ich laß ihn so in seinen Lüsten wandeln,
Mag ich doch auch nach meinen Lüsten handeln;
Ich rede viel und laß ihn immer gehn.
Ist ja ein allzudummer Streich geschehn,
Dann muß ich meine Weisheit zeigen;
10 Dann wird er bey den Haarn herausgeführt;
Doch giebt man gleich, indem man's reparirt,
Gelegenheit zu neuen dummen Streichen.

Vergl. a. C ff., H 1 und 2, W.-A. 14, S. 296. — Man hat dem schon lange
bekannten Fragment seine Stelle entweder unmittelbar hinter der Hexenküche
(2604) oder vor der Straßenscene (3025) endlich auch nach 3775 oder 3834 ein=
räumen wollen. Das letztere hat seine großen Bedenken; denn es ist kaum
anzunehmen, daß Mephistopheles nach Valentins Tode, während er für Faust den
Blutbann fürchtet, in der obigen Weise spricht. Aber bei der Annahme der
andern Stellen tritt noch viel mehr Störendes ein. Auf sie paßt es nicht, daß
Mephistopheles als Mentor und Begleiter Fausts schon manches mit ihm
durchgemacht und ihn eine Reihe von Thorheiten hat begehen lassen. Ferner
soll jener die in Rede stehenden Verse als Monolog sprechen, oder wenn nicht,
mit wem ist er in Unterredung zu denken? Auffällig bleibt übrigens für alle
Fälle die Bezeichnung Fausts mit dem Worte „Wildfang", die sehr wenig für
seinen Charakter paßt.

Mephistopheles.

Auf diesem Wege rollt es eben
Recht hurrliburli durch das Leben.
Er nagt nicht lang an einem Knochen,
Ich muß es ihm gepfeffert kochen.

Vergl. W.-A. 14, S. 312 hurrliburli. Dasselbe Wort, eine sich über=
stürzende Eilfertigkeit ausdrückend, im Englischen nicht selten vorkommend, zum
Beispiel auch bei Shakespeare, hat Goethe (C. 13, 5) im Prolog für sein „Neu
eröffnetes moralisch=politisches Puppenspiel": „(Juppiter) schmeißt den Kerl die
Kreuz und Quer Hurlurli Burli in's Thal daher."

Zur Walpurgisnacht.

(Skizze.)

Aufmunterung zu Walp[urgis] Nacht. Daselbst. Frauen über die Stücke. Männer über das L'hombre. Rattenfänger von Hameln. Here aus der Küche.

Vergl. W.=A. 14, S. 301. — Die Aufmunterung Fausts durch Mephisto=pheles geschieht deshalb, weil jener aus seiner trüben Stimmung herausgebracht werden soll. Er hatte Valentin getödtet und Gretchen verlassen müssen. Die hier angegebenen Einzelheiten sind nicht zur Ausführung gekommen. Nur auf die „Here aus der Küche" wird 2590 hingedeutet. Mephistopheles rechnet darauf, daß er sie zu Walpurgis wieder sehen wird. Auch der Rattenfänger kommt nur in den Fragmenten vor (S. 30 f.).

Zur Walpurgisnacht.

1.

Juncker der Böse Feind. Weisse Würmer, schwarze Köpfe. Schwarz Kleid, rother Federbusch, gelbe, rothe Strümpfe. Esels=fus. Blauen Hut, roth= und weisse Strümpfen.

Im Thume
Steht die Rosenblume;
Sie ist weder braun noch fahl —
So müssen die Huibinger verstauben und zerfahren
Und kommen Margrethen ins Teufels Namen an,

3 pf[ennige] Lohn. Böse Dinger. Wolle er ihr den Hals brechen.

2.

Begiessen, anspeyen, anblasen. Die Pfoten (Esels-Pferde-Fus, lange Nägel. Raube Latschen. Fahrt auf den Blocksberg. Kuchen. getanzt.

3.

Der Alf Hinckepinck. Damit d. PW . . . bringt dessen Frau um.

4.

Die Elben zubringen und abnehmen.

5.

Gar rauch und nicht gros ist Juncker, sein thun sehr kalt.
Werg. Hadern. Zaubrisch Geschoß von Gänsefedern und Steck=
nabeln, in ein schwarzes Lederlein gebunden. Weißer Dornbusch,
drey gelbe Stecknabeln. — Du hast mich geschossen, ich schieße
dich wieder ins Teufels nahmen.

6.

Pulver aus einem Todtenkopf und Erde aus dem Grabe.
in die Häuser gestreut.

7.

Junker als ein schwarzes Mängen wie ein Esel gros. Er
habe ihr nichts gelernt als die Leute verderben . . . .
. . . . Zwey Kinder, gestaltet wie
der böse Volant. Wetter machen.

8.

Die Leute blenden, daß sie nicht in Verhaft genommen würde.

9.

Elben. gute Kinder — reisende gute Kinder — fahrende
Dinger. Gute Holden. Weißgelb, ein Paar schwarze Flügel dazu.

Vergl. W.=A. 14, S. 296 f. Vorarbeiten zur Walpurgisnacht, die meistens
später unbenutzt geblieben sind. Sie stammen wohl sämtlich aus den nach=
stehenden drei Werken: 1. Benedictus Carpzow. J. C., Practica nova im-
perialis Saxonica rerum criminalium in partes III. divisa. Editio octava.
Wittebergae Francofurti. Anno MDCLXXXIV. — 2. J. Praetorius Anthro-
podemus o Plutonicus. Das ist Eine Neue Weltbeschreibung Von Allerley
Wunderbahren Menschen. Magdeburg 1666. — 3. E. Francisci, Der Höllische
Proteus oder Tausendkünstige Versteller u. s. w. Nürnberg. Anno MDCXC.
— Am Anfange des Schriftstückes finden sich ein paar ausgestrichene Zeilen:
„Bezahlung der Inquisitionskosten in Criminal=Fällen, wenn der Inquisite

ſchuldig, unvermögend und kein Ankläger da iſt." Man vergl. dazu Carpzow
p. III. 312.: «De sumptibus causarum criminalium, quisnam hosce solvere
teneatur.»

1. Junker — gewöhnliche Bezeichnung für den Satan, bisweilen noch mit
einem Zuſatze eines Namens — Hans, Baſtian oder Volant (vergl. Nr. 7, Fauſt
1023 und Grimms Wörterbuch (G) unter „Faland"). — Weiſſe ... Köpfe.
— Aus dem Verkehr des Satans mit den Weibern, die ihrerſeits durch denſelben
zu Hexen werden, gehen die Elben hervor, die hier als weiſſe Würmer mit
ſchwarzen Köpfen beſchrieben werden. An anderen Stellen heißt es von ihnen, ſie
ſeien einen Finger lang und buntſtreifig wie die Raupen; anders erſcheinen ſie
wieder in Nr. 9. Dieſe Elben nun bringen die Hexen denen, welchen ſie feindlich
ſind, in den Körper, was zur Folge hat, daß ſie in eine Krankheit verfallen und
ſterben, wenn ſie ihnen nicht wieder abgenommen werden (ſiehe Nr. 4). Schwarz
Kleid. — Strüpple. - Kleidung des Teufels, die an anderen Stellen wieder
ſehr verſchieden angegeben wird. Strüpple dialektiſch für Strümpfe. Auch
der Eſelsfuß wechſelt gelegentlich mit Kuh=, Schien= und Bärenfuß ab. —
Im Thume (Dome) — Namen an ... Die fünf Verſe geben einen
Spruch, der beim Zubringen der Elben angewendet wird; ſie heißen Huf=
dinger, weil der Teufel ihr Vater iſt. Grimm, der dieſelben Verſe in ſeiner
deutſchen Mythologie (4. Ausg. 3, 501) citirt, ſchreibt in derſelben Annahme
„Hüfdinger" und dabei in Klammern „Hüftelben". — Der Lohn iſt der, welchen
der Teufel dem Weibe gegeben hat. Margarethe die Frau, welcher die Elben
gebracht werden ſollen.

2. Begießen — anblaſen. Zaubermittel der Hexen. Auch die „Sorge"
haucht Fauſt an (11488) damit er erblinde. Latſchen = Beine, Füße.

3. Der — Hindevind. Siehe Carpzow I, 343: „Der Verhaſte be
kennt, daß er den Alſf Hindenvind genannt von l'A umb ein neu Tütchen
(Groſchen) erkaufft, von deme er Gefangener in deſ Teufels Namen umbgetauffet
und Hans Prid genannt worden — habe auch ſein erſtes Weib durch den Alſf
umbringen laſſen."

5. Vergl. Carpzow I, 342. Der Inhalt iſt entnommen aus dem Be
kenntniß einer Gefangenen, die eine Sechswöchnerin und deren Kind bezaubern
wollte. Die Worte „Du haſt - nahmen", geben den Spruch, den ſie dabei braucht.

6. Ebendaſelbſt Bekenntniß eines Gefangenen, der ein wie hier be
ſchriebenes Pulver in die Häuſer geſtreut habe, davon alle Perſonen, ſo darinnen
geweſen, hätten ſterben müſſen.

7. Wetter machen. Ebendaſelbſt. ... Eine Frau bekennt (im Jahre
1615), daß der Teufel es ihr gelehrt, ſo ſie auch dieſes und voriges Jahr
gemacht und dadurch zu Wege gebracht, daß immer dürre Zeiten geweſen.

9. Elben — mit ihren verſchiedenen Namen.

Zur Walpurgisnacht.
(Vorarbeit.)

Hagestolz. Träume. Alp Nahmen zu brauchen. Weise Frau. Trutten Schu Alpfuß. Lieb Leib Bley. Nachtraben hängen an Kindern. Rothe Maus aus dem Munde. (Chaos, festes durch welches die Geister durchgehn. Gewächs an töpfen. Musiker der Rattenfänger. Undenen ohne Seele; das Bündniß giebt die Seele. Das mindere genenßt des mehreren. Unterschied im reden.

Vergl. W.=A. 14, S. 300. — Es sind Notizen aus Practorius und Francisci. Bei dem zweiten werden (S. 97) Alp und Nachtmahr identifizirt; es wird er= zählt (S. 67), daß dem Markgrafen Erdmann Philipp von Baireuth, der am 26. August 1678 infolge eines Sturzes vom Pferde starb, einige Tage vor seinem Tode, die weiße Frau erschienen sei. Ferner Practorius S. 12: „Hier mag wohl wahr werden, daß Lieb per anagramm heißet „Leib und Bley", weil sie so schwer drauff ist."

2. Nachtraben (Nachtmahren) reiten auf Menschen und Thieren (Grimms Mythologie, 4. Aufl., 884 A 466.) — 3. Rothe Maus (4179). Bei Practorius S. 43 f. eine lange Geschichte von einer schlafenden Magd, der eine solche aus dem Munde springt. 3. Chaos. Siehe S. 1. 4. Gewächs ... Siehe Practorius S. 55. — Musiker. Siehe unten. 5—6. Undene. Vergl. 1274 und 1286. Sie lieben vor allen Elementargeistern die Verbindung mit Menschen. Sie haben keine Seele, erhalten aber eine solche, wenn sie ein Kind geboren haben.

Zur Walpurgisnacht.

[Mephistopheles.]

Der liebe Sänger
Von Hameln auch, mein alter Freund,
Der vielbeliebte Rattenfänger,
Wie geht

Rattenfänger von Hameln.

recht wohl zu dienen.
Ich bin ein wohlgenährter Mann,

Patron von zwölf Philanthropinen
Daneben
Schreibe eine Kinder-Bibliothek.
Wegen Papi(e)rner Flügel bekannt,   10
Zieht euch auch hier ein jeder an.
Ein paar Löcher sind hinein gebrannt;
Das haben die verfluchten Xenien gethan.

Musaget.

Ich folge,
Als Musen anzuführen.   15

Vergl. W.-A. 14. S. 302 f. -- wo den früher bekannten Versen nach der
Handschrift noch V. 9—15 hinzugefügt sind. — Der Rattenfänger von Hameln
(auch Gegenstand einer Ballade Goethes), ist hier Johann Bernhard Basedow
(1723—1790), der bekannte Pädagog, der auch mit Goethe, ehe er nach Weimar
ging, in Beziehungen gestanden hatte. Er begründete 1774 unter dem Schutze
des Herzogs Leopold Friedrich Franz in Dessau das erste Philanthropin, auf
das in den nächsten Jahren zahlreiche Anstalten ähnlicher Art folgten. Wie er
hier als Patron derselben angenommen wird, so wird er auch für die Schriften
seiner Anhänger verantwortlich gemacht: denn die Kinderbibliothek weist mehr
auf Joachim Heinrich Campe hin, der 1776 Lehrer am Philanthropin in Dessau
und nach Basedows Rücktritt Director desselben wurde. Mehrere der Xenien
sind gegen ihn, allerdings nur in Beziehung auf seine Bemühungen als Sprach-
reiniger, gerichtet. — Unter „Musaget" ist A. A. F. v. Hennings (4307 -4310)
zu verstehen, der einen Musenalmanach dieses Namens als ein Nebenblatt der
Zeitschrift „Genius der Zeit" (4315 1318) in den Jahren 1798 und 1799
herausgegeben hat.

Blocksbergs-Candidaten.

Stilling.

Das Geisterreich, hier kommts zur Schau,
Den Gläubigen ersprießlich;
Doch sind ich nicht die weiße Frau,
So bin ich doch verdrießlich.

Gräfin.

5
Der weisen Frauen giebts genung
Für ächte Weiberkenner;
Doch sage mir, mein lieber Jung,
Wo sind die weisen Männer?

Ptolomaeer.

Da tritt die Sonne doch hervor
10
Am alten Himmelsfenster —

Copernikus.

Nicht doch, es ist ein Meteor
Ihr Narren und Gespenster!

Futiner.

Mit Fleiß und Tücke webt' ich mir
Ein eignes Ruhmgespinste;
15
Doch ist mirs unerträglich hier,
Auch hier find' ich Verdienste.

Wunderhorn.

Hinweg von unserm frohen Tanz,
Du alter neid'scher Igel,
Gönnst nicht dem Teufel seinen Schwanz
20
Dem Engel nicht die Flügel.

V. 1—8. W.=A. 14, S. 304 f. Johann Heinrich Jung, genannt Stilling 1740—1817. Ueber seine Beziehungen zu Goethe siehe Goethes Briefe 1, 311. Derselbe hatte 1808 die „Theorie der Geisterkunde" herausgegeben, deren Titel= kupfer „die weiße Frau" nach seiner Annahme die 1340 gestorbene Gräfin von Orlamünde ist.

V. 9—12. Die Anhänger des alten Ptolemäischen Systems fassen das Sichtbarwerden der Sonne als eine Bewegung derselben; „Gespenster" werden sie genannt, weil ihre Annahmen der Vorzeit angehören.

V. 13—16. Eutiner — heißt Johann Heinrich Voß, der von 1782 bis 1802 in Eutin lebte.

V. 16—20. Ein neid'scher Igel wird er genannt wegen seiner Angriffe auf „Des Knaben Wunderhorn", eine Sammlung von Volksliedern, die Achim von Arnim und Clemens Brentano 1808 (Bd. 1 und 2) zu veröffentlichen begannen. Voß schrieb über dieselbe im „Morgenblatt für gebildete Stände" 25. und 26. November 1808 Nr. 283 f.

Walpurgisnacht.

Welch hohe Pracht!
In den Bergen Waldes Nacht.

—

Wie man nach Norden weiter kommt,
Da nehmen Rus und Hexen zu.

Ihr Leben ist ein bloser Zeitvertreib —   5
Zwey lange Beine, keinen Leib.

Vier Beine lieb ich mir zu sichrem Stand und Lauf;
Er klettert stets und kommt doch nicht hinauf.

Und selbst die allerkürzsten Flügel
Sind doch ein herrliches Organ.   10

Die spindelförmigen Gestalten!
Und sind für mich die edlen Helden todt,
So muß ich mich doch wohl zu diesen Schluckern halten.

Fleisch dorrt wie Heu und Bein zerbricht wie Glas
Und alle Schönheit ist ein wahrer Mottenfras.   15

Bestände nur die Weisheit mit der Jugend
Und Republiken ohne Tugend,
So wär die Welt dem höchsten Ziele nah.

20 Ein Mensch, der von sich schreibt und spricht,
    Wie einst ein Biograph von ihm gesprochen hätte.

    Und der zuerst sich wie ein Gott erging,
    Befindet sich noch wohl am Schweinekoben.

    Nur Hunger schärft den Geist der subalternen Wesen,
    Ein sattes Thier ist gräßlich dumm.

25 Und mein Verdienst, worauf ich stolz bin,
    Ich schlepp es nicht am Hintern hinten nach.

    Was an dem Lumpenpack mich noch am meisten freut,
    Ist, daß es wechselsweis von Herzen sich verachtet.

    „Ich wäre nicht so arm an Witz,
30 Wär ich nur nicht so arm an Reimen.

    Musik nur her, und wärs ein Dudelsack!
    Wir haben wie manche edle Gesellen
    Viel apetit und wenig Geschmack.

    Was für ein hölzern Bild sie an dem Halse hat,
35 Ein heiliges oder ein lebendigs.

    V. 1—10. W.-A. 14, S. 301 f.   V. 1—2 Worte Fausts auf dem Wege
zum Blocksberg.

    V. 3—4. Worte des Mephistopheles, die schon früher in q. I. S. 79
und in den folgenden Ausgaben gedruckt sind.

    V. 5—6. Die Irrlichter — deren eins 3860 von Mephistopheles an=
gerufen wird.

    V. 7—8. Vergl. 3997 f., wo die Stimme eines Ungenannten ruft: „Ich
steige schon dreihundert Jahr und kann den Gipfel nicht erreichen." Aehnlich
die Halbhexe (4004 f.); Mephistopheles selbst wünscht sich bei der Schwierigkeit
des Weges den allerderbsten Bock (3836).

    V. 9—10 stehen mit dem Vorigen in Zusammenhang, da auch die Flügel
die Bewegung erleichtern.

B. 11—15. W.=A. 14, S. 311 vermutlich zu 4076—4091 gehörig, zu „General“, Minister u. s. w., die Mephistopheles als alte Herren begrüßt. Die Anmaßung und Eitelkeit derselben bei vorausgesetztem Mangel an wirklichem Verdienste wird gegeißelt. — B. 11—13 finden sich allerdings mit veränderter Beziehung, aber doch ähnlich seit a. auch in den „Zahmen Xenien“: „Die schönen Frauen, jung und alt, Sind nicht gemacht sich abzuhärmen; Und sind einmal die edlen Helden kalt, So kann man sich an Schluckern wärmen.“

B. 16—28, von denen 21 und 22 zuerst im W.=A. 14, S. 311 gedruckt sind und die für Mephistopheles bestimmt sein mußten, fahren in dem obigen Thema fort, dem mit B. 29 und 30 (W.=A. 14, S. 302) eine Art Abschluß gegeben wird.

B. 31—33. Vergl. die älteren Ausgaben und W.=A. 14, S. 303. — Der Dudelsack kommt auch im Walpurgisnachtstraum (4341) vor.

B. 34—36. Vergl. W.=A. 14, 304, wo zugleich bemerkt wird, daß hier an eine andere Gestaltung der Idolerscheinung (4185—4189) zu denken wäre.

Satanicenen.

a. Schema.

Nach dem Intermezzo). (Einsamkeit, Oede, Trompeten= Stöße. Blitze, Donner von oben. Feuersäulen, Rauch, Qualm. Fels, der daraus hervorragt. Ist der Satan. Großes Volk umher. Versäumniß. Mittel durchzudringen. Schaden. Ge= schrey. Lied.

Sie stehen im nächsten Kreise. Man kanns für Hitze kaum aushalten. Wer zunächst im Kreise steht. Satans Rede zc. Präsentationen. Beleihungen.

Mitternacht. Versinken der Erscheinung. Volkan. Un= ordentliches Auseinanderströmen. Brechen und Stürmen.

Vergl. a. und die folgenden Ausgaben. — Die Vermutung, daß die Satanicenen früher dazu bestimmt waren, die erste Walpurgisnacht zu ersetzen, wird durch nichts bestätigt, wenn sie auch immerhin älteren Ursprungs sein mögen als jene. Ernstlich hat Goethe wohl niemals daran gedacht, dieselben in sein Gedicht aufzunehmen. Bei der Ausführung mußte er bald einsehen, daß hier für freie Erfindung kein Raum war, sondern er sich an die alte Tradition halten mußte. Diese nötigte ihn zur Parodie von Christus als Weltenrichter durch den Satan und die Sache selbst mochte für ihn einen augenblicklichen Reiz haben, da ja nach seinem älteren Plane das ganze Gedicht mit dem Gerichte über Faust unter dem Vorsitze von Christus als Reichs= verweser schließen sollte. Es trat aber noch eine Schwierigkeit ein, die nicht unterschätzt werden darf. Wollte er das Cynische der alten Darstellungen ver= meiden, so mußte er damit das Charakteristische derselben zum größten Teil aufgeben; behielt er es bei, so trübte er damit seine eigene Dichtung und machte auch jede etwaige Aufführung unmöglich.

3. Der Satan ist hier anscheinlich der oberste der Teufel, als welcher sonst und auch schon in der mittelalterlichen Anschauung „Lucifer" auftritt.

6. Sie — Faust und Mephistopheles.

b. Ausgeführte Hofhaltsscene.

(Satan. Chor. Einzelne Stimmen. Mädchen. Mephistopheles.)
Gipfel. Nacht. Feuer. Koloß. nächste Umgebung. Massen. Gruppen. Rede.
Der Satan auf dem Throne. Großes Volk umher. Faust und Mephistopheles
im nächsten Kreise.

Satan (vom Throne redend).

Die Böcke zur rechten,

Die Ziegen zur linken —

Die Ziegen, sie riechen,

Die Böcke, sie stinken;

5   Und wenn auch die Böcke

Noch stinkiger wären,

So kann doch die Ziege

Des Bocks nicht entbehren.

Chor.

Aufs Angesicht nieder

10   Verehret den Herrn!

Er lehret die Völker

Und lehret sie gern.

Vernehmet die Worte,

Er zeigt euch die Spur

15   Des ewigen Lebens

Der tiefsten Natur.

Satan (rechts gewendet).

Euch giebt es zwey Dinge,
So herrlich und groß,
Das glänzende Gold

— — — — — —   20

Das eine verschaffet,
Das andre verschlingt;
Drum glücklich, wer beyde
Zusammen erringt.

Eine Stimme.

Was sagte der Herr denn? —   25
Entfernt von dem Orte,
Vernahm ich nicht deutlich
Die köstlichen Worte,
Mir bleibet noch dunckel
Die herrliche Spur,   30
Nicht seh' ich das Leben
Der tiefen Natur.

Satan (lincks gewendet).

Für euch sind zwey Dinge
Von köstlichem Glanz,
Das leuchtende Gold   35

— — — — — — —

Drum wißt euch ihr Weiber
Am Gold zu ergötzen
Und mehr als das Gold

— — — — — — —   40

Chor.

Aufs Angesicht nieder
Am heiligen Ort!

O glücklich, wer nah steht
Und höret das Wort.

Eine Stimme.

45   Ich stehe von ferne
Und stutze die Ohren,
Doch hab ich schon manches
Der Worte verlohren.
Wer sagt mir es deutlich,
50   Wer zeigt mir die Spur
Des ewigen Lebens
Der tiefsten Natur?

Meph. (zu einem jungen Mädchen).

Was weinst du, artger kleiner Schatz?
Die Thränen sind hier nicht am Plaz;
55   Du wirst in dem Gedräng wohl gar zu arg gestoßen?

Mädchen.

Ach nein! der Herr dort spricht so gar kurios,
Von Gold und — — — — — — —
Und alles freut sich, wie es scheint;
Doch das verstehn wohl nur die Großen?

Meph.

60   Mein liebes Kind, nur nicht geweint!
Denn willst du wissen, was der Teufel meint,
So — — — — — — —

Satan (gradaus.)

Ihr Mägdlein, ihr stehet
Hier grad in der Mitten;

Ich seh, ihr kommt alle   60
Auf Besmen geritten.
Seid reinlich bei Tage

—— —— —— —— —,

So habt ihrs auf Erden
Am weitsten gebracht.   65

Der Koloß ist der Satan selbst — (s. das vorige Schema).

B. 1—4. Die Scheidung erinnert an Ev. Matth. 25, 32, eine Stelle,
die auch im 48sten der Venetianischen Epigramme (C. 1, 362) benutzt ist. Dazu
der Messentext: «Inter oves locum praesta Et ab hoedis me sequestra
Statuens in parte dextra,» der schon in L. 1 citirt wird.

B. 66. Besmen - nach dem Nominativ „Besem", den Goethe auch
sonst anwendet.

c. Einzelne Audienzen.

Ceremonienmeister.

5.

— — —   — — — —

— — —   — — — — —

      und kann ich, wie ich bat,
Mich unumschränkt in diesem Reiche schauen,
So küß ich, bin ich gleich von Haus aus Demokrat,
Dir doch, Tyrann, voll Dankbarkeit die Klauen.

Ceremonienmeister.

Die Klauen! das ist für einmal;   5
Du wirst dich weiter noch entschließen müssen.

5.

Was fordert denn das Ritual?

Ceremonienmeister.

Beliebt dem Herrn den hintern Theil zu küssen.

F.

Darüber bin ich unverlor'n,
10　Ich küsse hinten oder vorn.
Scheint oben deine Nase doch
Durch alle Welten vorzubringen,
So seh ich unten hier ein Loch,
Das Universum zu verschlingen.
15　Was duftet aus dem kolossalen Mund!
So wohl kanns nicht im Paradiese riechen,
Und dieser wohlgebaute Schlund
Erregt den Wunsch hineinzuriechen.
Was soll ich mehr!

Satan.

Vasall, du bist erprobt
20　Hierdurch beleih ich dich mit Millionen Seelen.
Und wer des Teufels Arsch so gut wie du gelobt,
Dem soll es nie an Schmeichelphrasen fehlen.

9. Unverlor'n im Sinne von „sicher", wie 74.

———

d. Hochgerichtserscheinung.

[Chor.]

Wo fließet heißes Menschen Blut,
Der Dunst ist allem Zauber gut;
Die grau' und schwarze Brüderschafft,
Sie schöpft zu neuen Wercken Kraft.
5　Was deutet auf Blut, ist uns genehm,
Was Blut vergießt, ist uns bequem.
Um Glut und Blut umkreißt den Reihn:
In Glut soll Blut vergossen seyn.

Die Dirne winckt, es ist schon gut;
Der Säufer trinckt, es deutet auf Blut, 10
Der Blick, der Tranck, er feuert an,
Der Dolch ist blanck, es ist gethan.
Ein Blut=Quell rieselt nie allein,
Es laufen andre Bächlein drein;
Sie wälzen sich von Ort zu Ort, 15
Es reißt der Strom die Ströme fort.

Gedräng — Sie ersteigen einen Baum. G[ ]? Reden des Volcks.

Auf glühndem Boden. Nackt das Idol. Die Hände auf dem Rücken. Bedeckt nicht das Gesicht und nicht die Scham. 20 Gesang. Der Kopf fällt ab. Das Blut springt und löscht das Feuer. Nacht. Rauschen.

Geschwäz von Kielkröpfen. Dadurch Faust erfährt. Faust. Meph.

V. 1—16. Ob die beiden Strophen eine Art Introduktion für eine phantasmagorische Hinrichtung Gretchens bilden sollten, läßt sich nicht mit Sicherheit bestimmen.

23. Kielkröpfe — Teufelskinder.

3. Vermutlich Bezeichnung der Dominikaner, da im folgenden Verse auf die Inquisition hingewiesen wird.

Vermischtes.

1.

M.

Will einige Nacht=Mahre zäumen und Fausten eine Falle legen; gelingts, so hohlt er ihn.

Faust (allein).

Schmeichel (Gesang.

1.

Wer ist in der Nähe, dem das gelten kan?
              Fortgesetzter Schmeichelgesang.

Meph.

Deutet sie auf Faust.

Fausts

Unwille

Meph.

Neck verräth sich

Faust.

Er solls wo anders anwenden.

Meph.

Pferde. sie reiten. Schnelligkeit. falsche Richtung. Zug
nach Osten.

2.

Schöpfung des Menschen durch die ewige Weisheit, der
Hexen zufällig wie Python.

3.

F. Veränderung ist schon alles. Krankheit das Mittel, ein
Choc, damit die Natur nicht unterliege.

4.

Meph. Dem Ruß der Hexen zu entgehen
          Muß unser Wimpel südwärts wehen;
          Doch dort bequeme dich zu wohnen
          Bei Pfaffen und bei Scorpionen.

5.

Hexenchor.

Und wie wir nun nach Hause ziehn,
Die Saat ist gelb, die Stoppel grün;
Zum Schlusse nimmts kein Mensch genau
Es speit die Hexe, es . . . . die Sau.

1. Nachtmahre — . . . Siehe S. 30: In welcher Weise Mephistopheles dieselben zu Fausts Verderben anwenden wollte, geht aus dem Texte nicht hervor. — Die letzten Worte „Pferde—Osten" erinnern an die Scene am Rabenstein (4399—4404).

2. Python, der Drache, den Apollo tödtete, ist Gaea, der Erde, ent= sprossen, hat also keine eigentlich persönliche Geburt.

4. Vergl. S. 33: „Wie man nach Norden" u. s. w. Neu ist nur die Beziehung auf Italien.

5. Vergl. 3956 ff.

———

Zu den Satanscenen.

Fiel vor mir hin und küßte mir die Hand —
Es brennt mich noch.

Vergl. W.=A. 14, S. 304. Die Worte möchten nicht auf Gretchen zu be= ziehen sein, sondern auf ein kleines Abenteuer des jungen Mädchens, das un= schuldig den Satanscenen beiwohnt (S. 36).

———

Mittheilung aus Matthissons Schriften.

Mephistopheles entsteigt dem Schlunde der Hölle, gefolgt von einer Schaar schwarzer Teufelchen, die ihn anfangs brut= mäßig umwimmeln, sodann aber einer nach dem andern münd= liche Verhaltungsmaßregeln erhalten und nun als Missionäre über den Erdball ausgesandt werden.

Vergl. Schriften von Friedrich von Matthisson. Ausgabe letzter Hand. 1829, Bd. 7, S. 36. — M. berichtet in seinen „Erinnerungen" unter der Rubrik XXXI, 1815 von seinem Aufenthalte in Weimar und seinem Besuche bei Goethe; er knüpft daran einige Bemerkungen über Faust, daß die zwei

letzten Teile der Triologie erſt in der Anlage und in einzelnen Scenen vor=
handen ſeien und er ſelbſt in Betreff der beabſichtigten Aufführung große Be=
denken hege. Dann bringt er das Obige als eine neu in den erſten Teil ein=
gelegte Scene, ohne indeſſen hinzuzufügen, daß er die Angabe über deren In=
halt von Goethe ſelbſt habe.

Jüngſter Tag.

(Skizze.)

Jüngſter Tag. Praeadamiten Grauſam wilde Menſchen.
Ungethüm. — Praetorii übrige Werke.

Vergl. W.=A. 14, S. 300. Die Vorſtellung des jüngſten Tages iſt ſchwer
mit dem ganzen Gedichte in Verbindung zu bringen. Zu den Blocksbergsſcenen
paßt ſie nicht; zu den Satansſcenen, hinter denen wir den obigen Worten ihre
Stelle anweiſen, könnte ſie allenfalls als Gegenbild dienen, aber richtiger
iſt wohl, anzunehmen, daß das Gericht über Fauſt, das in einzelnen Fragmenten
erwähnt wird, auf den jüngſten Tag verlegt wird. Daß an dieſem auch die
Menſchheit vor Adam, auf welche die Rabbiniſchen Lehren häufig zurückkommen,
vor Gericht geſtellt wird, iſt natürlich. — Die Schlußworte ſollen wohl nur
ausdrücken, daß Goethe außer dem „Anthropodemus" des Praetorius, den er
mehrfach benutzt hatte (ſiehe S. 28), auch deſſen übrige Werke, wenigſtens die
verwandten Inhalts kennen lernen wollte, ſo zum Beiſpiel deſſen Theſaurus
chiromantiae, Diatribe de coscinomantia ſeu cribro magico (Siebſehen)
Daemonologia Ruebezahlii Sileſii u. ſ. w.

— · —

Epilog zum Fauſt.

I. Abſchied.

Am Ende bin ich nun des Trauerſpieles,
Das ich zuletzt mit Bangigkeit vollführt,
Nicht mehr vom Drange Menſchlichen Gewühles,
Nicht von der Macht der Dunkelheit gerührt.
Wer ſchildert gern den Wirrwar des Gefühles,
Wenn ihn der Weg zur Klarheit aufgeführt?
Und ſo geſchloſſen ſei der Barbareien
Beſchränkter Kreis mit ſeinen Zaubereien.

5

Und hinterwärts mit allen guten Schatten
Sey auch hinfort der böſe Geiſt gebannt,　　　　10
Mit dem ſo gern ſich Jugendträume gatten,
Den ich ſo früh als Freund und Feind gekannt.
Leb' alles wohl, was wir hiemit beſtatten;
Nach Oſten ſey der ſichere Blick gewandt.
Begünſtige die Muſe jedes Streben　　　　15
Und Lieb' und Freundſchaft würdige das Leben.

Denn immer halt' ich mich an Eurer Seite,
Ihr Freunde, die das Leben mir geſellt;
Ihr fühlt mit mir, was Einigkeit bedeute,
Sie ſchafft aus kleinen Kreiſen Welt in Welt,　　　　20
Wir fragen nicht in eigenſinnigem Streite,
Was dieſer ſchilt, was jenem nur gefällt,
Wir ehren froh mit immer gleichem Muthe
Das Alterthum und jedes neue Gute.

O glücklich, wen die holde Kunſt in Frieden　　　　25
Mit jedem Frühling lockt auf neue Flur;
Vergnügt mit dem, was ihm ein Gott beſchieden,
Zeigt ihm die Welt des eignen Geiſtes Spur.
Kein Hinderniß vermag ihn zu ermüden,
Er ſchreite fort, ſo will es die Natur.　　　　30
Und wie des wilden Jägers brauſt von oben
Des Zeiten-Geiſts gewaltig freches Toben.

Vergl. G.-J. 9, 5 und W.-A. 15a, S. 344 f. Nach V. 14 ſtanden
urſprünglich die nachher geſtrichenen Verſe:

Dem neuen Triebe, dieſem neuen Streben
Begegne neue Kunſt und neues Leben.

Auf neue Scenen iſt der Geiſt gewandt.

Im W.-A. iſt die Vermutung ausgeſprochen, daß der „Abſchied" vielleicht
ſchon Ende 1797 gedichtet ſei, und wird dieſelbe durch einen ungedruckten Brief
an (A.) Hirt vom 25. Dezember des Jahrs unterſtützt, der verwandten Inhalts iſt.

Man kann sogar weiter gehen und das genannte Jahr als die späteste Grenze bezeichnen. Das Gedicht ist jedenfalls älter als die „Zueignung", die vermutlich diesem Jahre angehört; denn nach derselben, die Goethes Empfindungen seinem Gedicht und seinen Freunden gegenüber viel inniger und ergreifender ausspricht, hätten die obigen Verse auch nicht einmal mehr einen praktischen Zweck gehabt. Uebrigens verraten sie einen gewissen Unmut, eine Unzufriedenheit des Dichters mit seinem Stoffe. Er will ihn aus seiner Seele drängen und von Barbareien und Zaubereien sich nach „Osten" wenden, um neue Eindrücke in sich aufzunehmen, nicht die der Folgen der französischen Revolution, auf welche zuletzt hingedeutet wird.

————

II. Abkündigung.

Den besten Köpfen sei das Stück empfohlen,
Der Deutsche sitzt verständig zu Gericht,
Und möchten's gerne wiederholen,
Allein der Beifall giebt allein Gewicht.
5 Vielleicht, daß sich was Bess'res freylich fände. —
Des Menschen Leben ist ein ähnliches Gedicht:
Es hat wohl einen Anfang, hat ein Ende,
Allein ein Ganzes ist es nicht.
Ihr Herren, seid so gut und klatscht nun in die Hände.

1. Vergl. G.-J. 9, 5 und W.-A. 15 a, S. 344. Der erste Druck hat folgende Abweichungen: V. 2 fehlt, V. 3 Wir statt „und", V. 7 „seinen, sein" statt einen, ein.

Zweiter Teil.

Erster Akt.

Skizze.

(Verbindung von Theil I und II.)

Ad partem II. Bedauern der traurig zugebrachten früheren Zeit. Kühnheit sich in Besitz zu setzen balancirt allein die Möglichkeit der Unfälle.

Vergl. W.-A. 15b, S. 177.

Aeltester Entwurf für den ersten Akt.

Es war dem Faust, weil er die ganze Welt kennen lernen will, vom Mephistopheles unter Anderm auch der Antrag gemacht, beim Kaiser um eine Audienz nachzusuchen. Es ist gerade Krönungszeit. Faust und Mephistopheles kommen glücklich nach Frankfurt. Nun sollen sie gemeldet werden. Faust will nicht 5 daran, weil er nicht weiß, was er dem Kaiser sagen oder wovon er sich mit ihm unterhalten soll. Mephistopheles aber heißt ihn gutes Muthes sein; er wolle ihm schon zu gehöriger Zeit an die Hand gehn, ihn, wo die Unterhaltung stocke, unterstützen und im Fall es gar nicht fort wolle, mit dem Gespräch zugleich auch seine 10 Person übernehmen, so daß der Kaiser gar nicht inne zu werden brauche, mit wem er eigentlich gesprochen oder nicht gesprochen habe. So läßt sich denn Faust zuletzt den Vorschlag gefallen.

Beide gehen ins Audienzzimmer und werden auch wirklich vor=
15 gelaſſen. Fauſt ſeinerſeits, um ſich dieſer Gnade werth zu machen,
nimmt Alles, was irgend von Geiſt und Kenntniß in ſeinem
Kopfe iſt, zuſammen und ſpricht von den erhabenſten Gegenſtänden.
Sein Feuer indeſſen wärmt nur ihn; den Kaiſer ſelbſt läßt es
kalt. Er gähnt einmal über das andere und ſteht ſogar auf
20 dem Punkte, die ganze Unterhaltung abzubrechen. Dies wird
Mephiſtopheles noch zur rechten Zeit gewahr und kommt dem
armen Fauſt verſprochenermaßen zu Hülfe. Er nimmt zu dem
Ende deſſen Geſtalt an und ſteht mit Mantel, Koller und
Kragen, den Degen an ſeiner Seite leibhaftig wie Fauſt vor
25 dem Kaiſer da. Nun ſetzt er das Geſpräch genau da fort, wo
Fauſt geendigt hatte, nur mit einem ganz andern und weit
glänzendern Erfolge. Er räſonnirt nämlich, ſchwadronirt und
rabotirt ſo links und rechts, ſo kreuz und quer, ſo in die Welt
hinein und aus der Welt heraus, daß der Kaiſer vor Erſtaunen
30 ganz außer ſich geräth und die umſtehenden Herren von ſeinem
Hofe verſichert, das ſei ein grundgelehrter Mann, dem möchte
er wohl tage= und wochenlang zuhören, ohne jemals müde zu
werden. Anfangs ſei es ihm freilich nicht recht von Statten
gegangen, aber nach dieſem, und wie er gehörig in Fluß ge=
35 kommen, da laſſe ſich kaum etwas Prächtigeres denken, als die
Art, wie er Alles ſo kurz und doch zugleich ſo zierlich und gründ=
lich vortrage. Er als Kaiſer müſſe bekennen, einen ſolchen Schatz
von Gedanken, Menſchenkenntniß und tiefen Erfahrungen nie in
einer Perſon, ſelbſt nicht bei den weiſeſten von ſeinen Räthen
40 vereinigt gefunden zu haben.

    Vergl. „Goethe aus näherem perſönlichem Umgange dargeſtellt. Ein nach=
gelaſſenes Werk von Johannes Falk." Erſte Auflage 1832. Zweite 1836.
S. 91‑96. — Die Vorrede der Schrift, für die Falk die Anordnung getroffen
hatte, daß ſie erſt nach ſeinem und Goethes Tode erſcheinen ſollte, iſt von
1821. Dem hier mitgeteilten liegt jedenfalls eine ſchriftliche Mitteilung zu
Grunde, wie dies auch aus dem unmittelbar folgenden Stücke hervorgeht; denn
der Hauptinhalt des Ganzen — die Unterredung des Kaiſers mit Fauſt und

Mephiſtopheles — iſt dort ſehr ähnlich gegeben. Jedenfalls aber iſt die hier vorliegende Faſſung die ältere, wenn ſich auch über die Zeit ihres Entſtehens nichts Beſtimmtes ſagen läßt. Falk lebte ja von 1797 bis zu ſeinem Tode (1825) in Weimar. Was er übrigens noch von dem ſogenannten „Walpurgis= ſack" erzählt, aus dem das Gegebene eine Probe ſei, iſt nicht ſehr zutreffend, da in ihm nichts Perſönliches oder auch nur Satiriſches enthalten iſt. Höchſtens könnte man bei einem ſolchen an die bei Gelegenheit der Walpurgisnacht zurück= geſtellten „Blocksbergs=Kandidaten" (ſiehe S. 31 f.) und an einzelne Invektiven in der Gedichtſammlung denken.

Aelterer Entwurf für den erſten Akt.
(Später als der vorige.)

Zu Beginn des zweiten Theiles findet man Fauſt ſchlafend. Er iſt umgeben von Geiſter=Chören, die ihm in ſichtlichen Symbolen und anmuthigen Geſängen die Freuden der Ehre, des Ruhms, der Macht und Herrſchaft vorſpiegeln. Sie ver= hüllen in ſchmeichelnde Worte und Melodien ihre eigentlich ironi= 5 ſchen Anträge. Er wacht auf, fühlt ſich geſtärkt, verſchwunden alle vorhergehende Abhängigkeit von Sinnlichkeit und Leidenſchaft. Der Geiſt, gereinigt und friſch, nach dem Höchſten ſtrebend.

Mephiſtopheles tritt zu ihm ein und macht ihm eine luſtige Beſchreibung von dem Reichstage zu Augsburg, welchen Kaiſer 10 Maximilian dahin zuſammen berufen hat, indem er annimmt, daß alles vor dem Fenſter, drunten auf dem Platze, vorgeht, wo Fauſt jedoch nichts ſehen kann. Endlich will Mephiſtopheles an einem Fenſter des Stadthauſes den Kaiſer ſehen, mit einem Fürſten ſprechend, und verſichert Fauſten, daß nach ihm gefragt 15 worden, wo er ſich befinde und ob man ihn nicht einmal an Hof ſchaffen könne. Fauſt läßt ſich bereden und ſein Mantel be= ſchleunigt die Reiſe. In Augsburg landen ſie an einer einſamen Halle. Mephiſtopheles geht aus zu ſpioniren. Fauſt verfällt indeß in ſeine früheren abſtruſen Speculationen und Forderungen 20 an ſich ſelbſt, und als jener zurückkehrt, macht Fauſt die wunder= bare Bedingung, Mephiſtopheles dürfe nicht in den Saal, ſondern

müsse auf der Schwelle bleiben, ferner daß in des Kaisers
Gegenwart nichts von Gaukelei und Verblendung vorkommen
25 solle. Mephistopheles giebt nach. Wir werden in einen großen
Saal versetzt, wo der Kaiser, eben von Tafel aufstehend, mit
einem Fürsten ins Fenster tritt und gesteht, daß er sich Faustens
Mantel wünsche, um in Tyrol zu jagen und morgen zur Sitzung
wieder zurück zu seyn. Faust wird angemeldet und gnädig auf-
30 genommen. Die Fragen des Kaisers beziehen sich alle auf irdische
Hindernisse, wie sie durch Zauberei zu beseitigen. Fausts Antworten
deuten auf höhere Forderungen und höhere Mittel. Der Kaiser
versteht ihn nicht, der Hofmann noch weniger. Das Gespräch
verwirrt sich, stockt und Faust, verlegen, sieht sich nach Mephisto-
35 pheles um, welcher sogleich hinter ihn tritt und in seinem Namen
antwortet. Nun belebt sich das Gespräch, mehrere Personen
treten näher und jedermann ist zufrieden mit dem wundervollen
Gast. Der Kaiser verlangt Erscheinungen, sie werden zugesagt.
Faust entfernt sich der Vorbereitungen wegen. In dem Augen-
40 blick nimmt Mephistopheles Fausts Gestalt an, Frauen und
Fräuleins zu unterhalten, und wird zuletzt für einen ganz un-
schätzbaren Mann gehalten, da er durch leichte Berührung eine
Handwarze, durch einen etwas derbern Tritt seines vermummten
Pferdefußes ein Hühner-Auge curirt, und ein blendes Fräulein
45 verschmäht nicht, ihr Gesichtchen durch seine hagern und spitzen
Finger betupfen zu lassen, indem der Taschenspiegel ihr sogleich,
daß eine Sommersprosse nach der andern verschwinde, tröstlich
zusagt. Der Abend kommt heran; ein magisches Theater erbaut
sich von selbst. Es erscheint die Gestalt der Helena. Die Be-
50 merkungen der Damen über diese Schönheit der Schönheiten be-
leben die übrigens fürchterliche Scene. Paris tritt hervor und
diesem ergehts von Seiten der Männer, wie es jener von Seiten
der Frauen ergangen. Der verkappte Faust giebt beiden Theilen
recht, und es entwickelt sich eine sehr heitere Scene.
55   Ueber die Wahl der dritten Erscheinung wird man nicht
einig, die herangezogenen Geister werden unruhig; es erscheinen

mehrere bedeutende zusammen. Es entstehen sonderbare Verhältnisse, bis endlich Theater und Phantome zugleich verschwinden.
Der wirkliche Fauſt, von drei Lampen beleuchtet, liegt im Hintergrunde ohnmächtig, Mephiſtopheles macht ſich aus dem Staube, 60
man ahndet etwas von dem Doppelſinn, niemanden iſt wohl bey
der Sache zu Muthe.

Vergl. W.-A. 15b, S. 173 Z. 3 - S. 175 Z. 63. 1—8 im Ganzen über-
einſtimmend mit 4613—4727; im Einzelnen iſt folgendes Abweichende. Während
in der ausgeführten Dichtung die Scene in einer anmutigen Gebirgsgegend ſpielt,
iſt hier keine Oertlichkeit angegeben. Nur nach Z. 9 muß man annehmen, daß
Fauſt in einem geſchloſſenen Raume zu denken iſt. Ferner ſind im Gedichte
ſelbſt die Geiſterchöre in eine beſtimmte Geſtalt gebracht, es ſind Elfen unter
Führung des Luftgeiſtes Ariel. Endlich findet ſich keine Spur davon, daß die
Worte, die ſie an Fauſt richten — denn eigentliche Anträge ſind es nicht —
ironiſch zu faſſen wären.

9—38 ſteht an Stelle deſſen, was ſpäter 4728—6172 ausgeführt wurde:
„Scene in der Kaiſerlichen Pfalz", die „Mummenſchanz" und „Luſtgarten", ſo
daß alſo in der Dichtung faſt alles anders geſtaltet iſt. Der Ort der kaiſerlichen Reſidenz iſt dort nicht genannt, ebenſo wenig ein beſtimmter Kaiſer, hier
dagegen Maximilian I. (1493—1519); bei dem Reichstage zu Augsburg hat
man wohl an den von 1518 zu denken. Dieſer Kaiſer iſt zwar ſehr bereit, auf
Zaubereien ſich einzulaſſen, aber ein innerlich zerrüttetes und haltloſes Hofleben
wird nicht einmal angedeutet und ebenſo wenig der Verſuch gemacht, durch
Papiergeld dem Staate und ſeinen Bedürfniſſen aufzuhelfen. Ueberhaupt iſt Fauſt
ſozuſagen idealer gehalten, als es ſpäter zur Ausführung kam (vergl. Z. 30 ſi.):
er verſchmäht niedrige Mittel, um mit ſeiner Perſon zur Geltung zu kommen.

39. Vorbereitungen 6107—6306. In der Dichtung handelt es
ſich an der entſprechenden Stelle um den Weg zu den Müttern, an die Goethe
hier noch nicht gedacht hat.

39 54 = 6307—6376. Abweichend iſt beſonders, daß Mephiſtopheles
die Geſtalt Fauſts annimmt, und als Nebenumſtand, daß die Handwarze ſpäter
durch einen erfrornen Fuß erſetzt wird.

55—57 — nicht zur Ausführung gekommen.

58. Das Verſchwinden der Phantome ſiehe nach 6563. Daß Fauſts
Ohnmacht durch daſſelbe veranlaßt wird, iſt nicht geſagt; auch die Entfernung
des Mephiſtopheles ohne Fauſt und die bedenkliche Stimmung der Zuſchauer
iſt abweichend.

61. Doppelſinn bezieht ſich auf Mephiſto, der ſcheinbar als Menſch
auftritt, aber trotzdem Geiſt oder Dämon iſt.

Skizze zum ersten Akt.

F[auſt]. Schlafen[d?] Geiſter des Ruhms, der großen That.
F[auſt]. M[ephiſtopheles]. Notiz von des Kayſers Wunſche.
Streit. Kaviers Hof. M[ephiſtopheles] und Marſch[alk].
Wunſch. Fauſt erſcheint als Prachtmann [?] Kayſer Irdiſches
5 Verh[ältniß] Fauſt höheres Unmögliches. Geiſter citiren.
Mißverſtändniß. Meph. hinter Fauſt. Ausgeglichen. Fauſt zur
Magie. Meph. als Curtiſan. Erſcheinungen. Paris, die Frauen
loben, die Männer tadeln. Helena, die Frauen tadeln, die
Männer loben. Gebärdenſpiel. Schreckniß. Fauſt ohnmächtig.
10 Alles ein tumultuariſch Ende.

Vergl. W.=A. 15 b, S. 191. Jedenfalls, wie auch die Uebereinſtimmung mit
dem Vorigen beweiſt, ein älterer Entwurf. Die große Scene „Kaiſerliche Pfalz"
(4729—5064), iſt auch hier nur eine Privataudienz, bei der Mephiſtopheles
anfangs im Hintergrunde bleibt und erſt hervortritt, als ein Mißverſtändnis
ſtattgefunden hat, wo er denn für Fauſt antwortet und vermutlich auch als Curtiſan
(a. a. O. Physicien de la cour) deſſen Geſtalt annehmen ſollte. — Das Auf=
treten des Marſchalls (Z. 3) ſollte wohl nur zur Einführung der Fremden dienen.
— Prachtmann (Z. 4) iſt in der Handſchrift ſehr undeutlich.

Skizze 4889—5064.

Andeutungen auf die verborgenen Schätze. Sie gehören
im ganzen Reiche dem Kaiſer. Man muß ſie auf kluge Weiſe
zu Tage bringen. Man entgegnet aus Furcht vor Zauberey.
Der Luſtige [Liſtige?] reduzirt alles auf Naturkräfte.
5 Wünſchelruthe und Perſönlichkeit. Andeutung auf Fauſt. Fromme
Vorbereitung. Erſt Beendigung des Carnevals. Wegen Be=
dingung des Schatzhebens Sammlung und Buße. Erwünſchter
Aſchermittwoch.

Vergl. W.=A. 15 b, S. 191, außerdem namentlich 4892, 4937, 4985 ff.
4941; 5051 f. 5058. Die „Andeutung auf Fauſt" liegt in den Worten „Be=
gabten Manns Natur= und Geiſteskraft" 4896, während an Stelle der Wünſchel=
ruthe, die ſchon S. 10 Z. 35 vorkam, die „Weisheit" getreten iſt.

Skizze 5088—5674.

Maskenzüge. Gärtnerinnen Blumen für alle Jahrszeit
bringend. Gärtner. Gelegenheit für alle Pflanzen zu finden.
Vogelsteller. Mit Leimruthen, Schlingen und Netzwänden Fischer
mit Netzen, Reusen [Reissen] Angeln. Holzhauer. Buffone
und Parasiten. Musikanten. Poeten. Hofpoet. Italiäner.   5
Mythologie.

Furien. Parzen. Mütter und Töchter. Juwelier. Klatschen.
Klugheit. Auf dem Elephanten. führt gefangen Hoffnung und
Furcht. Triumph des Plutus. Verschwendung vor ihm wirft
aus Gefieder Grillen Farfarellen. Geiz, hinter ihm Eisenkasten 10
mit Drachenschlössern.

Vergl. W.=A. 15b, S. 191. Z. 1—2. Blumen—bringend: künst=
liche Blumen (5088). Z. 3—4 kommen nur im Scenarium wieder vor. —
Holzhauer 5199 ff. — Buffone treten 5215 als Pulcinelle auf. Z. 5.
Musikanten, Hofpoet, Italiäner — sind nicht zur Ausführung ge=
kommen, Poeten stehen nur im Scenarium. 7. Juwelier—Klatschen
fehlt. 10. Gefieder—Federn. Grillen, Farfarellen dafür Käfer,
Schmetterlinge 5598 ff. — Geiz. Mephistopheles als Abgemagerter 5646 ff.

Skizze 5582—5986.

Knabe. Flämmchen. Deutet [athmendes Wachsthum der=
selben?] Respekt. Aeusserlich. Das Würdige nicht zu be=
schreiben. Doch indirekt beschrieben Talar, Turban, Mond=
gesicht, Behagliches. Name.

Poesie. Schnippchen als Geschencke. Verwandlung der=   5
selben. Plutus. Steigt ab. Avaritia Geiz weigerung [?] Drachen
holen herab. Knabe Verherrlichung des Reichthums, Lorbeerkranz
auf dem Haupte des Plutus. Knabe jagt fort. Faunen kommen
an. kreisen umher. Begaffen. Eröffnen der Kiste. Hinein=
schauen. Maske fällt hinein. Kaiser. Faust nimmt [mit?]   10
Heroldstab.

Schließt die Maskerade. Hof und der Kayser. Forderung
der Gestalt[en?] Versprechen. Meph. schwürig.
Und ich verkündige vor allen,
Mein lieber Sohn, an dir hab ich gefallen.

Vergl. W.-A. 15b, S. 192. 1. Knabe = Knabe Lenker. Flämmchen
5588, 5633; die folgenden Worte bezeichnen die Wirkung, welche die Poesie
auf die Menschen je nach ihrer Verschiedenheit ausübt (5634—5639).
2—4. Respect — für Plutus. Beschreibung desselben wie 5562 ff.
— Name wird 5569 genannt.
5. Vergl. 5582—5605.
6. steigt ab 5682. — Avaritia Geiz. 5646—5665 — das etwas
zweifelhafte Wort „weigerung" würde sich auf das Abweisen der Weiber von
Seiten des Geizes (Abgemagerter) beziehn, der nichts mit ihnen zu thun haben
will. — Drachen. 5677—5682 — das Gespann des Plutus.
7. Verherrlichung . . . 5699 ff. Der Lorbeerkranz kommt in der
Dichtung nicht vor.
8—9. Knabe . . . fort 5708. Faunen erscheinen erst 5819. —
Begaffen der Kiste von Seiten der Menge (5715), nachdem sie (5709) von
Plutus geöffnet ist.
10—11. Vergl. 5930—5937 und 5740, wo Plutus (Faust) den Heroldstab vom Herold nimmt.
12—13. Vergl. 5986. Hof und der Kaiser 5987—6172. — Forderung der Gestalt[en] der Helena [und des Paris] 6184 ff. — Versprechen 6187. — Meph. schwie[ü]rig. — 6188, 6193—6202.
14—15. Vergl. 5628 f.

Skizze 5612—5986 und einiges Spätere.

Knabe. Zu Plutus. Plutus Zeugniß. Knabe Geistes
Gaben. W[eiber] Gesklatsch. Gegen den Geiz. Der Abge-
magerte. Invektiven. W[eiber] Gegenklatsch. Angriff. Der
Herold Ruhe gebietend. Drachen regen die Flügel. Speyen
Feuer. Die Weiber entfernen sich. Kiste mit dem Geiz hebt
sich los. Setzt sich nieder. Plutus steigt aus. Plutus. Verabschiedet den Wagen.

Lenker Adieu. Faunen kommen an. Herold verkündet [?]
und beschreibt. Faunen. Wilder Kreis kreisend. Kiste springt
auf und flammt. Sie schauen hinein. Maske fällt hinein. 10
Kiste schlägt zu. fliegt davon. Der Kayser ist entdeckt. Faust
den Heroldstab fassend. Entwast das Ganze. Stände [?]
trennen sich. Vereinigen sich, fliehen, bleiben. Kreis um den
Kayser. Plutus anred.[end] ajournirt. Kayser zur Unterhaltung.
Geistererscheinungen. Wahl. Paris und Helena. Meph. widersetzt 15
sich. Faust verspricht.

Vergl. W.=A. 15b, S. 192. Fast Alles läßt sich mit den entsprechenden
Versen des ausgeführten Ganzen belegen, und das Schema erscheint überhaupt
nur als eine etwas mehr ins Einzelne gehende Ausführung des Vorigen.

11. Kiste schlägt zu fliegt davon. Vergl. S. 55.

12. Entwast — das Wort ist vollständig deutlich geschrieben, aber in
dem hier möglichen Sinne nicht nachweisbar. Stände unklar; von einer
Sonderung der Stände ist sonst in der Mummenschanz keine Spur; denn die
einzelnen in ihr auftretenden Gruppen dürften doch nicht so bezeichnet werden.

14. Ajournirt — vertagt; aber es ist doch nicht anzunehmen, daß das
Fest noch weiter fortgesetzt werden soll.

15 16. Hienach sieht es so aus, als wenn die Frage über die Erscheinung
der Geister vor dem ganzen Hofe in Gegenwart von Faust und Mephistopheles
verhandelt wäre, während in der Ausführung dieser nur gegen Faust allein
Einwendungen macht. Ueberhaupt setzt das Schema die Scene „Finstere Galerie"
6173—6306 noch nicht voraus, sondern erwähnt nur das Versprechen Fausts,
dem in der wirklichen Ausführung jene vorausgeht.

Skizze 5685—5986.

Plutus. Ankündigend. Faunenchor Tanz und Sang. An=
näherung der Kiste. Maske fällt hinein. lodert auf. Herold.
Die Kiste schlägt zu fliegt fort. Faunen. Entzündet. Der erste.

W.=A. 15b, S. 192. — Z. 1. Die Ankündigung, die dem Plutus gilt, ge=
schieht durch den Herold. — Faunenchor tritt erst 5819 auf. — Annäherung
der Kiste 5635 ff. — Maske—Herold 5926—5969. — Die später folgenden
Worte wie das Zuschlagen und Fortfliegen der Kiste, bringen nichts Neues;
die vier letzten lassen sich nicht in das Ganze einfügen.

Skizze 5689—5986.

Dez. 16. Plutus verabschiedet den Wagen. Lenker Adieu.
Plutus, dem Geiz befehlend Oeffnung der Kiste, der gern
verheimlicht, doch auch grosthuisch. Herold. Plutus den Stab
ergreifend. Platz machend Den Kreis beschreitend. Gemurmel.
5 Plutus.

Faunenchor. Gemurmel. Tanz und Sang. Annäherung
an die Kiste. Maske fällt hinein Flammt auf Entzündet den
Faun [?] Dann die Faunen. Kiste schlägt zu, fliegt fort. Der
Kaiser ist entdeckt. Faust den Heroldst[ab] fassend. Enthüllt das
10 Ganze.

Vergl. W.=A. 15 b, S. 193. Fast ganz mit dem S. 56 und 57 Mitgeteilten
übereinstimmend. Auch die Schlußworte sollen, wie es scheint, dasselbe be=
zeichnen, was S. 57 durch „Entmast das Ganze“ ausgedrückt ist.

Skizze 5987—6056.

Noch zum ersten Acte. Faust Mephistopheles Kaiser[licher]
Hof. Beyde kniend. Verzeihung wegen des Zauberscherzes
bittend.

Kayser vergnügt darüber. Erzählung wie ihm zu Muthe
5 gewesen.

Fürst von Salamandern. Meph. Das bist du auch.
(Elem[ent] im Feuer. stürze dich ins Wasser, es wird Krystall=
gewölbe um dich bilden. Neues wünschend. Marschalck. Inter=
esse an Geistererscheinungen. Streit zwischen Damen und Herrn.
10 Helena und Paris. Meph. Warnung. Kayser assentirt. [?]
Faust verspricht.

Vergl. W.=A. 15 b, S. 193 f. Z. 1—8 alles mit dem Texte des Gedichtes
übereinstimmend: Z. 8—10 weisen wieder auf die bereits früher vorkommenden
Verhandlungen über Geistererscheinungen hin, die nicht zur Ausführung ge=
kommen sind.

Entwurf für das Erscheinen von Helena und Paris.

Bey einem großen Feste an des deutschen Kaisers Hof
werden Faust und Mephistopheles aufgefordert eine Geister=
erscheinung zu bewirken; ungern zwar, aber gedrängt, rufen sie
die verlangten Idole von Helena und Paris hervor. Paris tritt
auf, die Frauen entzücken sich gränzenlos; die Herren suchen 5
durch einzelnen Tadel den Enthusiasmus abzukühlen, aber ver=
gebens. Helena tritt auf, die Männer sind außer sich, die Frauen
betrachten sie aufmerksam und wissen spöttisch den plumpen
heroischen Fuß, eine höchst wahrscheinlich angemahlte elfenbein=
artige Gesichtsfarbe hervorzuheben, besonders aber durch bedenk= 10
liche, freylich in der wahrhaften Geschichte nur allzusehr ge=
gründete Nachreden auf die herrliche Persönlichkeit einen ver=
ächtlichen Schein zu werfen. Faust, von dem Erhaben=Schönen
hingerissen, wagt es, den zu ihrer Umarmung sich neigenden
Paris wegdrängen zu wollen; ein Donnerschlag streckt ihn nieder, 15
die Erscheinungen verschwinden, das Fest endet tumultu[a]risch.

W.=A. 15 b, S. 200, Z. 47—63 mit dem Datum des 17. Dezember 1826.
1—3. Von dem Gang zu den „Müttern", durch die die Erscheinung in der
Dichtung ermöglicht wird, ist noch nicht die Rede; alles Uebrige entspricht voll=
ständig der Ausführung (6501—6563), wo nur die „elfenbeinartige Gesichts=
farbe" Helenas nicht erwähnt wird.

(Aufführung am Hofe des Kaisers.)

Bravo, alter Fortinbras, alter Kanz, dir ist übel zu Muthe;
ich bedaure dich von Herzen. Nimm dich zusammen. Noch
ein Paar Worte — wir hören sobald keinen König wieder reden.

Canzler.

Dafür haben wir das Glück die Weisen Sprüche Ihrer
Majestät deß Kaysers desto öfter zu vernehmen. 5

Me[phistopheles]

Das ist was ganz anders. Ew. Ex[cellenz] brauchen nicht
zu protestiren; was wir andre Hexenmeister sagen, ist ganz un-
praejudicirlich

Faust.

Stille stille, er regt sich wieder
10   . . . .
Fahr hin du alter Schwan! Fahr hin! Gesegnet seyst
du für deinen letzten Gesang und alles was du uns sonst [?]
gesagt hast. Das Uebel, was du thun mußtest, ist klein dagegen.

Marsch[alck]

Redet nicht so laut; der Kaiser schläft, Ihre Maj[estät]
15 scheinen [nicht wol?]

Me[phistopheles]

Ihre Majest[ät] haben zu befehlen, ob wir auf hören sollen.
Die Geister haben ohne dieß nichts weiter zu sagen.

F[aust].

Was siehst du dich um?

Me[phistopheles]

Wo nur die Meerkatzen stecken mögen! ich höre sie [immer
20 reden?]
Es ist, wie ich schon sagte, ein Erzvester König.

B[ischof]

Es sind heidnische Gesinnungen, ich habe dergleichen im
Marck Aurel gefunden. Es sind die heidnischen Tugenden.
Glänzende Laster! Und billig daß die Gef. [Gesangenen]
25 deshalb sämmtlich verdammt werden.

K[ayser]

Ich finde es hart; was sagt ihr, Bischof?

B[ischof]

Ohne den Ausspruch unserer all weisen Kirche zu umgebn,
sollte ich glauben, daß gleich —

M[arschall]

Vergeben! — heidnische Tugenden, ich hätte sie gern gestraft
[gehabt?]; wenns aber nicht anders ist, so wollen wir sie ver= 30
geben — du bist vers erste absolvirt — weiter im Text

Sie verschwinden — Ohne Gestanck Riecht ihr was?
Ich nicht. Diese Art Geister stincken nicht, meine Herren

Vergl. die Ausgaben seit q. und W.=A. 15 b, S. 177 ff. Daß es sich um
eine Aufführung am Hofe des Kaisers handelt, die etwa hinter der Mummen=
schanz ihre Stelle finden sollte, scheint unzweifelhaft, ebenso, daß Mephistopheles
für dieselbe seine Geister benutzt. Aber über den Inhalt läßt sich kaum etwas
bestimmen. Für die Annahme, daß Fortinbras, der aus Shakespeares Hamlet
bekannte junge Prinz von Norwegen ist, spricht eigentlich nichts, wohl aber da=
gegen, daß derselbe wiederholt als alter Mann bezeichnet wird. Der Name,
identisch mit dem Fierabras der Romane des sechzehnten Jahrhunderts, könnte
mehrfach anders gedeutet werden, wenn es sich verlohnte, auf unbestimmte Data,
wie sie hier vorliegen, Vermutungen zu gründen. Auffällig bleibt ferner, daß
das Schauspiel von Z. 24 an in eine Art Gerichtsverhandlung übergeht, an
der sich Kaiser, Kanzler und Marschall beteiligen.

Z. 7—9. W.=A. 15 b, S. 181. . . . Der Inhalt dieser Zeilen ist noch in einem
besondern Fragment in Versen aufbehalten: „Herr Kanzler protestirt nur nicht!
das was ein Geist in seinem Taumel spricht, das ist politisch unverfänglich."

Z. 19. Meerkatzen — deren Aufgabe sich hier nicht erkennen läßt,
kommen sonst nur in der Scene „Hexenküche" vor.

Z. 21. Ob Fortinbras noch der erzseste König sein soll, muß dahin=
gestellt bleiben.

Z. 23. Marc. Aurel (Antoninus), Römischer Kaiser 161—180 n. Chr.,
Verfasser einer Schrift „An sich selbst", (τὰ εἰς ἑαυτόν), auf die hier Bezug
genommen wird.

Nach Z. 28. Das M der Hs. ist hier in „Marschall" aufgelöst; es ist
jedenfalls natürlicher, die Worte des Textes ihm als dem Mephistopheles zu=
zuweisen.

Vor der Scene „Kaiserliche Pfalz".

1.

Pfui! schäme dich, daß du nach Ruhm verlangst,
Ein Charlatan bedarf nur Ruhm zu haben.
Gebrauche besser deine Gaben,
Statt daß du eitel vor den Menschen prangst.
5 Nach kurzem Lärm legt Fama sich zur Ruh,
Vergessen wird der Held sowie der Lotterbube;
Der größte König schließt die Augen zu,
Und jeder Hund bepißt gleich seine Grube.
Semiramis! hielt sie nicht das Geschick
10 Der halben Welt in Kriegs= und Friedenswage?
Und war sie nicht so groß im letzten Augenblick
Als wie am ersten ihrer Herrschertage?
Doch kaum erliegt sie ungefähr
Des Todes unversehenem Streiche,
15 So fliegen gleich von allen Enden her
Starken tausendfach und decken ihre Leiche.
Wer wohl versteht, was so sich schickt und ziemt,
Versteht auch seiner Zeit ein Kränzchen abzujagen;
Doch bist du nur erst hundert Jahr berühmt,
20 So weiß kein Mensch mehr was von dir zu sagen.

2.

Mephistopheles.

Geh hin, versuche nur dein Glück!
Und hast du dich recht durchgeheuchelt,
So komme matt und lahm zurück.
Der Mensch vernimmt nur, was ihm schmeichelt.
25 Sprich mit dem Frommen von der Tugend Lohn,
Mit Jxion sprich von der Wolke.
Mit Königen vom Ansehn der Person,
Von Freiheit und von Gleichheit mit dem Volke!

Faust.

Auch diesmal imponirt mir nicht
Die tiefe Wuth, mit der du gern zerstörtest,   30
Dein Tigerblick, dein mächtiges Gesicht.
So höre denn, wenn du es niemals hörtest:
Die Menschheit hat ein fein Gehör,
Ein reines Wort erreget schöne Thaten;
Der Mensch fühlt sein Bedürfniß nur zu sehr   35
Und läßt sich gern im Ernste rathen.
Mit dieser Aussicht trenn' ich mich von dir,
Bin bald und triumphirend wieder hier.

Mephistopheles.

So gehe denn mit deinen schönen Gaben!
Mich freut's, wenn sich ein Thor um andre Thoren quält; 40
Denn Rath denkt jeglicher genug bey sich zu haben,
Geld fühlt er eher, wenn's ihm fehlt.

3.

Warum man sich doch ängstlich müht und plackt,
Das ist gewöhnlich abgeschmackt.
Zum Beyspiel unser täglich Brod.   45
Das ist nun eben nicht das feinste.
Auch ist nichts abgeschmackter als der Tod,
Und grade der ist der gemeinste.

Vergl. W.=A. 15 b, S. 179 ff. und 183. Die hier zusammengestellten
sämmtlich bereits seit g. in die Ausgaben aufgenommenen Verse beweisen, daß
der Dichter anfangs den Charakter Fausts im zweiten Teile anders gestalten
wollte, als es später geschehen ist. Er wollte ihn ruhmbegierig machen oder
erscheinen lassen, was später in keiner Weise der Fall ist. Diese Neigung, der
Faust Ausdruck gegeben haben müßte, wird hier von Mephistopheles bekämpft,
der ihn nur zum Genuß des Lebens führen will. Natürlich mußte später alles
wegfallen, was hierauf Bezug hat.

B. 9. Semiramis. Nach gewöhnlicher Annahme ist mit ihr die Russische Kaiserin Katharina gemeint, und das stimmt allerdings damit, daß Goethe dieser auch sonst hohe Anerkennung widerfahren läßt. Er nennt sie zum Beispiel eine große Frau, die sich selbst des Thrones würdig gehalten und tüchtigen hochbegünstigten Männern einen großen Spielraum gegeben habe, ihre Macht immer weiter auszubreiten.

B. 16. Starteten — vielleicht von dem Italienischen scartabello ab=
geleitet, bezeichnet meistens einen Wust schlechter, bisweilen auch alter Schriften.

B. 26. Wolke — die welche Jupiter vor Jrion statt der erwarteten Juno erscheinen ließ.

Zu 5215—5256.

[Pulcinelle.]

Narren giebt es heut zu Haufen.

Doch so viele da und dorten
Auf dem Markt sich stoßen, laufen,
Größre giebt es wahrlich nicht,
Als die sich mit Lasten schleppen.

Vergl. W.-A. 15b, S. 194.

[Knabe Lenker.]

Kann ich mich doch nicht verstecken —
Leises Lispeln lauter Schall —
Und so bin ich zu entdecken
Nirgends oder überall.

Lebe wohl du wildes [? volles] Rauschen
Eilig mach ich mich davon

Vergl. W.-A. 15b, S. 196. Ueber dem Ganzen noch die Worte „Forschet
wollt ihr mich entdecken." Zu V. 2 siehe 5708. Vielleicht sind die Verse
auch „Euphorion" zuzuweisen.

Zu 5737—5828.

Er mag sich, wie er will, gebärden,
Er muß zuletzt ein Zaubrer werden.

Plutus

Bists, unbewußt
Ein Faunentanz

　　　　　der Herold ist ein heiliger Mann
Es sieht so wild. — das hilft ihm, daß er hexen kann　　5

[Plutus]

Gieb deinen Stab, hier muß ich enden.
Die Menge weicht
Und wie verscheucht
Tritt alles an die Seit.

Dichter　　　　　　10
erdreisten
Und nur der Dichter kann es leisten.

Geiz.

Nur alle hundert Jahr einmal,
Doch heute bin ich liberal.

　　　　　　　　　　15

Chor]

Ach in den Zauberkreis gebannt,
Bis auf die Knoche nausgebrannt.

Vergl. W.-A. 15 b, S. 195. — V. 4. Faunentanz wird 5819—5828 beschrieben. V. 7. — 5739 verlangt Plutus den Stab des Herolds. V. 9—10 fast
übereinstimmend mit 5759—5760. V. 16—17 verwandt mit 5751—5752.
In einer Hs. stehen noch nachfolgende Worte in Prosa, die indessen keine weitere
Bedeutung für das Ganze haben: „Geiz die Rede anhörend. Die Schätze an-
lachend. Die Menge wird's gewahr und drängt. Menge andringend. Herold
eingeengt. Herold bedrängt."

Zu 5958 f.

[Herold.]

Soll immerfort das Uebermaas
Das allerherrlichſte zerſtören

Vergl. W.-A. 15ᵇ, S. 196.

———

Zu 5954 ff.

Wer ſchildert ſolchen Uebermuth,
Wenn's nicht der Dichter ſelber thut.

Nun tret ich nothgedrungen vor,
Der Dichter —

Vergl. W.-A. 15ᵇ, S. 196. — Die Selbſterwähnung des Dichters,
die in der ausgeführten Dichtung nirgends vorkommt, iſt in den Fragmenten
nicht ſelten.

———

Zu 6097—6110.

Ein ſchönes Kind mit ſeinem Pfauenwedel
Es ſchmunzt uns an

.

Und ein Gebetbuch, das man uns verehrt,
Iſt ins geheim ſchon hundert Kronen werth.

Vergl. W.-A. 15ᵇ, S. 31 f. — Z. 2 anſchmunzen = anſchmunzeln fehlt
bei Grimm, iſt aber von Sanders aus dem Mittelhochdeutſchen und aus Abraham
a Santa Clara nachgewieſen.

Zu 6214.

[Mephistoph.]

Nicht Nacht, nicht Tag, in ewger Dämmerung
Es war und es will ewig seyn.

Vergl. W.-A. 15 b, S. 197. Zur Beschreibung dessen, was Faust auf
dem Wege zu den Müttern zu erwarten hat.   Die Verse bringen ein neues
und interessantes Motiv hinzu. Nicht nur die Vorstellung von Raum und
Zeit (6214) hört dort auf, sondern auch die von Licht und Finsterniß und vom
Uebergehen des einen in das andere.

Zu 6280—6292.

[Mephistopheles].

Mußt [Müsset] mit Bedacht des Schlüssels Kräfte führen,
Sie anzuziehen, nicht sie zu berühren.
Worauf du trittst, es bleibt dir unbewußt;
Es dehnt sich nicht, es klemmt sich nicht die Brust,
Wohin sich auch dein Blick begierig wende,   5
Nicht Finsterniß — doch keine Gegenstände,
Bis endlich

Vergl. die Ausgaben seit g. und W.-A. 15 b, S. 197. — V. 2. Es ist
nicht zweifelhaft, daß unter „sie" die „Mütter" zu verstehen sind. Allerdings
geht Goethe nicht von der Vorstellung aus, daß das Erscheinen von Paris und
Helena von deren Zustimmung abhängig ist; aber wozu soll er sie denn an-
ziehen, an sich locken! An einer andern Stelle (6290) heißt es: „Sie sehn dich
nicht, denn Schemen sehen sie nur." Es bleibt schließlich nur übrig anzunehmen,
daß Goethe an der Gestaltung derselben später eine Aenderung für zweckmäßig
erachtet hat.

Zu 6294.

[Mephistopheles]

Am glühnden Schlüssel führst du ihn [den Dreifuß] gefangen;
Durch Wunder nur sind Wunder zu erlangen.

Vergl. W.-A. 15 b, S. 197. — Das Wunder besteht darin, daß der Dreifuß dem Schlüssel folgt.

Zu 6297—6299.

[Mephistopheles.]

Und wenn du rufst, sie folgen Mann für Mann
Und Fraun für Fraun die Großen wie die Schönen,
Die bringen her so [?] Paris wie Helenen.

Vergl. W.-A. 15 b, S. 197. Der dort angenommene Anschluß an 6214 ist nicht haltbar. Der Sinn der sehr undeutlich geschriebenen, korrigirten und dem Sinne nach etwas dunklen Worte ist wohl folgender: „Wenn du im Besitz des Dreifußes bist, folgt jeder, Mann und Weib auf deinen Ruf, also kannst du auch Paris und Helena hieher bringen." Nur „die" in B. 3, wofür früher „und" stand, ist etwas störend; denn man sieht nicht recht ein, warum sich die übrigen Männer und Frauen an dem Herbeischaffen jener beiden beteiligen sollen.

Zu 6319—6376.

[Mephistopheles.]

Ein Leibarzt muß zu allem taugen:
Wir fingen bei den Sternen an
Und endigen mit Hühneraugen.

Vergl. die Ausgaben seit q. und W.-A. 15 b, S. 179. — Die Verbindung von Astrologie und Medizin war im Mittelalter allgemein.

Zu 6470 ff.

Er gefällt mir so besonders nicht —
Ob er wohl auch französisch spricht?
Er führt sich selbst ein, wie er glaubt;
Einem Zaubrer ist alles erlaubt.

Vergl. W.-A. 15 b, S. 182. Urteil des Kämmerers (oder Hofmanns) über Fauſt, der, von den Müttern kommend, sich ohne Weiteres in die Versammlung einführt (6427).

Zu 6462.

Man kleid ihn ritterlich:
Ihr guten Herrn, von euch hält keiner Stich.

Vergl. W.-A. 15 b, S. 197. Vermutlich die Antwort einer Dame auf den Zweifel eines Ritters, ob Paris auch im Harnisch gut aussehen würde.

Ohne sichern Anschluß.

Das Wissen wächst, die Unruh wächst mit ihm.

Wer den geringsten Vorzug hat,
Wird sich des Vorzugs überheben.

Irrst du nicht hier, so irrst du andrer Orten.

Von dem, was sie verstehn,
Woll'n sie nichts weiter wissen.

Und was sie gerne wissen wollen,
Ist grade das, was ich nicht weis.

5

Und wenn du ganz was falsches perorirt,
10   Dann glauben sie was rechts zu hören.

Mit diesen Menschen umzugehen,
Ist wahrlich keine große Last.
Sie werden dich recht gut verstehen,
Wenn du sie nur zum besten hast.

15   Wenn du sie nicht zum besten hast,
So werden sie dich nie für gut und redlich halten.

Wenn du was recht verborgen halten willst,
So mußt du's nur vernünftig sagen.

Indessen wir in's Fäustchen lachen,
20   So brüsten sie sich ohne Scheu;
Sie denken, weil sie's anders machen,
Es wäre neu.

Das muß dich nicht verdrießen;
Wer kuppelt nicht einmal, um zu genießen.

Vergl. W.-A. 15 b, S. 183 für V. 1—3; S. 194 für V. 4; S. 217 für
V. 5—6; S. 182 für V. 7—8; S. 181 für V. 9—14; S. 182 für V. 15—18;
S. 218 für V. 19—22; S. 217 für V. 23—24. — Für V. 1 kann man wohl so
weit gehen, zu vermuten, daß derselbe sich nicht auf Faust beziehe; denn dieser
hat dem Streben, sein Wissen zu vermehren, längst entsagt. — V. 5—6 werden
in W.-A., wenn auch mit Bedenken, dem Baktalaureus und somit dem zweiten
Akte zugewiesen. — V. 11—14 wurden zwar auch unter den Faustpapieren ge=
funden, sind aber auch unter den „Zahmen Xenien" (C. 4, 356) gedruckt. Nimmt
man für dieselben die Erklärung an, daß sie sich auf magnetische Kuren beziehen,
so wäre vielleicht ein Anschluß an die Scene möglich, in der Mephistopheles am
kaiserlichen Hofe kurirt, und die (6364) mit den Worten schließt: „Ich helfe
mir zuletzt mit Wahrheit aus". — V. 23—24 - dazu in W.-A.: „Zu Wagner!
Auf Helena bezüglich!" Für beides fehlt indessen der nötige Anhalt.

Zweiter Akt.

Aelteres Schema.

7.

Faust niedergelegt an einer Kirchhofsmauer. Träume. Darauf großer Monolog zwischen der Wahnerscheinung von Gretchen und Helena.

8.

Fausts Leidenschaft zu Helena bleibt unbezwinglich. Mephistopheles sucht ihn durch mancherlei Zerstreuungen zu beschwichtigen.

9.

Wagner's Laboratorium. Er sucht ein chemisch Menschlein hervorzubringen.

10.

Verschiedene andere Ausweichungen und Ausflüchte.

11.

Antike Walpurgisnacht in Thessalien auf der Pharsalischen Ebene.

12.

Erichtho macht die Honneurs und Erichthonius zu ihr gesellt.

Etymologische und symbolische Verwandtschaft beyder.

13.

Mephistopheles mit den antiken Ungeheuern und Mißgestalten findet sich zu Hause.

Centauren, Sphinxe, Chimären, Greife, Sirenen, Tritonen und Nereiden, die Gorgonen, die Graien.

14.

Mephistopheles und Enyo; schaudert vor ihrer Häßlichkeit; im Begriff sich mit ihr zu überwerfen, lenkt er ein. Wegen ihrer hohen Ahnen und wichtigen Einflusses macht er ein Bündniß mit ihr. Die offenbaren Bedingungen wollen nichts heißen, die geheimen Artikel sind die wirksamsten.

15.

Faust gelangt zu der Versammlung der Sibyllen. Wichtige Unterhaltung; günstiger Moment. Manto, des Tiresias Tochter.

16.

Der Hades thut sich auf, Proserpina wird angegangen.

17.

Die Beispiele von Protesilaus, Alceste und Eurydice werden angeführt. Helena selbst hat schon einmal die Erlaubniß gehabt ins Leben zurückzukehren, um sich mit dem Achill zu verbinden, mit eingeschränkter Wohnung auf die Insel Leuce.

18.

So soll nun Helena auf den Boden von Sparta zurückkehren und als lebendig dort im Hause des Menelaus empfangen werden, und dort dem neuen Freyer überlassen seyn, in wie fern er auf ihren Geist und ihre empfänglichen Sinne einwirken könne.

Vergl. W.-A. 15b, S. 189.

7. Abweichend vom wirklichen Beginn des zweiten Akts, bei dem Faust ermattet auf seinem Lager liegt. — Der Monolog hat im 4. Akt 10039 ff.

seine Stelle gefunden, aber die hier stehenden Worte sind für die Deutung desselben wichtig.

8. Vergl. S. 74 Z. 7 ff.

12. Auf die etymologische Verwandtschaft weist der Wortlaut hin, die
symbolische besteht darin, daß Erichtho und Erichthonius nicht menschlichen
Ursprungs, sondern Dämonen sind.

13. Vergl. 7112 f.

14. Vergl. W.-A. 15 b, S. 208. Enyo war anfangs statt der Phorkyas
in Aussicht genommen.

15. Die Skizze ist nicht zur Ausführung gekommen; Manto erscheint
nachher in der Dichtung gegen die Tradition als Tochter des Aeskulap.

16.—18. Vergl. W.-A. 15 b, S. 209 ff.

Aelterer Entwurf.

Mephistopheles, als er wieder auf Fausten trifft, findet
diesen in dem leidenschaftlichsten Zustande. Er hat sich in Helena
verliebt und verlangt nun, daß der Tausendkünstler sie herbey-
schaffen und ihm in die Arme liefern solle. Es finden sich
Schwierigkeiten. Helena gehört dem Orkus und kann durch   5
Zauberkünste wohl herausgelockt, aber nicht festgehalten werden.
Faust steht nicht ab, Mephistopheles unternimmt es. Unendliche
Sehnsucht Fausts nach der einmal erkannten höchsten Schönheit.
Ein altes Schloß, dessen Besitzer in Palästina Krieg führt, der
Castellan aber ein Zauberer ist, soll der Wohnsitz des neuen   10
Paris werden.

Vergl. W.-A. 15 b, S. 175 f.

6. Es handelt sich hier wie in der ausgeführten Dichtung um das Erscheinen Helenas als eines wirklich lebenden Wesens und für Faust um den
persönlichen Besitz derselben.

8. Erkannten. Vergl. 6558, 7438 ff.

8—11. Vollständig aufgegebener Plan.

Späterer Entwurf.

Faust aus einer schweren, langen Schlafsucht, während
welcher seine Träume sich vor den Augen des Zuschauers sichtbar
umständlich begeben, ins Leben zurückgerufen, tritt exaltirt hervor
und fordert von dem höchsten Anschauen ganz durchdrungen den
5 Besitz [Helenas] heftig von Mephistopheles. Dieser, der nicht
bekennen mag, daß er im klassischen Hades nichts zu sagen habe,
auch dort nicht einmal gern gesehen sey, bedient sich seines
früheren probaten Mittels, seinen Gebieter nach allen Seiten
hin und her zu sprengen. Hier gelangen wir zu gar vielen Auf=
10 merksamkeit fordernden Mannigfaltigkeiten, und zuletzt noch die
wachsende Ungeduld des Herrn zu beschwichtigen, beredet er ihn,
gleichsam im Vorbeygehen auf dem Weg zum Ziele den academisch=
angestellten Doctor und Professor Wagner zu besuchen, den sie
in seinem Laboratorium finden, hoch gloriirend, daß eben ein
15 chemisch Menschlein zu Stande gekommen sey.
Dieses zersprengt Augenblicks den leuchtenden Glaskolben
und tritt als bewegliches wohlgebildetes Zwerglein auf. Das
Recept zu seinem Entstehen wird mystisch angedeutet, von seinen
Eigenschaften legt es Proben ab, besonders zeigt sich, daß in
20 ihm ein allgemeiner historischer Weltkalender enthalten sey; er
wisse nämlich in jedem Augenblick anzugeben, was seit Adams
Bildung bey gleicher Sonn= Mond= Erd= und Planetenstellung
unter Menschen vergegangen sey. Wie er denn zur Probe so=
gleich verkündet, daß die gegenwärtige Nacht gerade mit der
25 Stunde zusammentreffe, wo die pharsalische Schlacht vorbereitet
werden und welche sowohl Caesar als Pompejus schlaflos zu=
gebracht. Hierüber kommt er mit Mephistopheles in Streit,
welcher nach Angabe der Benedictiner den Eintritt jener großen
Weltbegebenheit zu dieser Stunde nicht will gelten lassen, sondern
30 denselben einige Tage weiter hinausschiebt. Man macht ihm
die Einwendung, der Teufel dürfe sich nicht auf Mönche berufen.

Da er aber harnäckig auf diesem Rechte besteht, so würde sich
der Streit in eine unentscheidbare chronologische Controvers ver-
lieren, wenn das chemische Männlein nicht eine andere Probe
seines tiefen historisch-mythischen Naturells ablegte und zu be-
merken gäbe, daß zu gleicher Zeit das Fest der klassischen Walpurgisnacht hereintrete, das seit Anbeginn der mythischen Welt
immer in Thessalien gehalten worden und nach dem gründlichen,
durch Epochen bestimmten Zusammenhang der Weltgeschichte
eigentlich Ursach an jenem Unglück gewesen. Alle vier entschließen sich dorthin zu wandern und Wagner bey aller Eil-
fertigteit vergißt nicht eine reine Phiole mitzunehmen, um, wenn
es glückte, hie und da die zu einem chemischen Weiblein nöthigen
Elemente zusammenzufinden. Er steckt das Glas in die linke
Brusttasche, das chemische Männlein in die rechte, und so vertrauen sie sich dem Erdmantel. Ein gränzenloses Geschwirre
geographisch-historischer Notizen, auf die Gegenden, worüber sie
hinstreifen, bezüglich, aus dem Munde des eingesackten Männ-
leins läßt sie bey der Pfeilschnelle des Flugwerks unterwegs nicht
zu sich selbst kommen, bis sie endlich beim Lichte des klaren, ob-
schon abnehmenden Mondes zur Fläche Thessaliens gelangen.
Hier treffen sie mit Ericht[h]o zusammen, welche den untilgbaren
Modergeruch dieser Felder begierig einzieht. Zu ihr hat sich
Erich[th]onius gesellt und nun wird beyder nahe Verwandtschaft von der das Alterthum nichts weiß, etymologisch bewiesen;
leider muß sie ihn, da er nicht gut zu Fuße ist, öfters auf dem
Arme tragen und sogar, als das Wunderkind eine seltsame Leidenschaft zu dem chemischen Männlein darthut, diesen auch auf den
andern nehmen, wobei Mephistopheles seine bösartigen Glossen
keineswegs zurückhält.

Faust hat sich ins Gespräch mit einer auf den Hinterfüßen
ruhenden Sphinx eingelassen, wo die abstrusesten Fragen durch
gleich räthselhafte Antworten ins Unendliche gespielt werden. Ein
daneben in gleicher Stellung aufpassender Greif, der goldhütenden
einer, spricht dazwischen, ohne das Mindeste deshalb aufzuklären.

Eine kolossale, gleichfalls goldscharrende Ameise, welche sich hin=
zugesellt, macht die Unterhaltung noch verwirrter.

Nun aber der Verstand im Zwiespalt verzweifelt, sollen auch
die Sinne sich nicht mehr trauen. Empusa tritt hervor, die dem
70 heutigen Fest zu Ehren einen Eselskopf aufgesetzt hat, und sich
immer umgestaltend, zwar die übrigen entschiedenen Gebilde nicht
zur Verwandlung, aber doch zu steter Ungeduld aufregt.

Nun erscheinen Sphinxe, Greise und Ameisen, sich gleichsam
aus sich selbst entwickelnd. Hin und her schwärmen übrigens
75 und rennen die sämmtlichen Ungethüme des Alterthums, Chimären,
Tragelaphe, Gryllen, dazwischen vielköpfige Schlangen in Un=
zahl. Harpyisen flattern und schwanken fledermausartig in un=
sichern Kreisen; der Drache Python selbst erscheint im Plural
und die stymphalischen Raubvögel, scharf geschnabelt mit Schwimm=
80 füßen, schnurren einzeln pfeilschnell hintereinander vorbey. Auf
einmal jedoch über allen schwebt wolkenartig ein singender und
klingender Zug von Sirenen; sie stürzen in den Peneus und
baden rauschend und pfeifend, dann baumen sie auf im Gehölze
zunächst des Flusses, singen die lieblichsten Lieder. Allererst nun
85 Entschuldigung der Nereiden und Tritonen, welche durch Confor=
mation ohngeachtet der Nähe des Meeres, diesem Feste beyzu=
wohnen gehindert werden. Dann aber laden sie die ganze Ge=
sellschaft aufs dringendste, sich in den mannigfaltigen Meeren
und Golfen, auch Inseln und Küsten der Nachbarschaft insgesammt
90 zu ergötzen; ein Theil der Menge folgt der lockenden Einladung
und stürzt meerwärts.

Unsere Reisenden aber, an solchen Geisterspuk mehr oder
weniger gewöhnt, lassen das alles fast unbemerkt um sich her
summen. Das chemische Menschlein, an der Erde hinschleichend,
95 klaubt aus dem Humus eine Menge phosphorescirender Atome
auf, deren eine blaues, andere purpurnes Feuer von sich strahlen.
Er vertraut sie gewissenhaft Wagnern in die Phiole, zweifelnd
jedoch, ob daraus künftig ein chemisch Weiblein zu bilden sey.
Als aber Wagner, um sie näher zu betrachten, sie stark schüttelt,

erscheinen zu Kohorten gedrängt, Pompejaner und Cäsareaner, 100
um zu legitimer Auferstehung sich die Bestandtheile ihrer Indi-
vidualitäten stürmisch vielleicht wieder zuzueignen. Beynahe ge-
länge es ihnen sich dieser ausgegeisteten Körperlichkeiten zu bemächtigen. Doch nehmen die vier Winde, welche diese Nacht
unablässig gegen einander wehen, den gegenwärtigen Besitzer in 105
Schutz und die Gespenster müssen sich gefallen lassen von allen
Seiten her zu vernehmen, daß die Bestandtheile ihres römischen
Großthums längst durch alle Lüfte zerstoben, durch Millionen
Bildungsfolgen aufgenommen und verarbeitet worden.

Der Tumult wird dadurch nicht geringer, allein gewisser- 110
maßen auf einen Augenblick beschwichtigt, indem die Aufmerksam-
keit zu der Mitte der breit[?] und weiten Ebene gerichtet wird.
Dort hebt die Erde zuerst, bläht sich auf und ein Gebirgsreihen
bildet sich aufwärts bis Scotusa abwärts bis an den Peneus,
bedrohlich, sogar den Fluß zu hemmen. Haupt und Schultern 115
des Enceladus wühlen sich hervor, der nicht ermangelte, unter
Meer und Land heranschleichend die wichtige Stunde zu ver-
herrlichen. Aus mehreren Klüften lecken flüchtige Flammen;
Naturphilosophen, die bey dieser Gelegenheit nicht ausbleiben
konnten, Thales und Anaxagoras, gerathen über das Phänomen 120
heftig in Streit, jener dem Wasser wie dem Feuchten alles zu-
schreibend, dieser überall geschmolzene, schmelzende Massen er-
blickend, peroriren ihre Solos zu dem übrigen Chorgesaule,
beide führen den Homer an und jeder ruft Vergangenheit und
Gegenwart zu Zeugen. Thales beruft sich vergebens auf Spring- 125
und Zündfluten mit didaktisch wogendem Selbstbehagen; Anaxagoras, wild wie das Element, das ihn beherrscht, führt eine
leidenschaftlichere Sprache, er weissagt einen Steinregen, der
denn auch alsobald aus dem Monde herunterfällt. Die Menge
preist ihn als einen Halbgott und sein Gegner muß sich nach 130
dem Meeresufer zurückziehen.

Noch aber haben sich Gebirgsschluchten und Gipfel nicht
befestigt und bestätigt, so bemächtigen sich schon aus weit umher

klaffenden Schlünden hervorwimmelnde Pygmäen der Oberarme
135 und Schultern des noch gebeugt aufgestemmten Riesen und be-
dienen sich deren als Tanz- und Tummelplatz, inzwischen un-
zählbare Heere von Kranichen Gipfelhaupt und Haare, als wären
es undurchdringliche Wälder kreischend umziehen und vor Schluß
des allgemeinen Festes ein ergötzliches Kampfspiel ankündigen.
140   So vieles und noch mehr denke sich, wenn es gelingt, als
gleichzeitig, wie es sich ergiebt.   Mephistopheles hat indessen mit
Enyo Bekanntschaft gemacht, deren grandiose Häßlichkeit ihn
beinahe aus der Fassung gebracht und zu unhöflichen beleidigenden
Interjectionen aufgeschreckt hätte.   Doch nimmt er sich zusammen
145 und in Betracht ihrer hohen Ahnen und bedeutenden Einflusses
sucht er ihre Gunst zu erwerben.   Er versteht sich mit ihr und
schließt ein Bündnis ab, dessen offenkundige Bedingungen nicht
viel heißen wollen, die geheimen aber desto merkwürdiger und
folgereicher sind.   Faust an seinem Theile ist zum Chiron ge-
150 treten, der als benachbarter Gebirgsbewohner seine gewöhnliche
Runde macht.   Ein ernst pädagogisches Gespräch mit diesem
Urbosmeister wird, wo nicht unterbrochen, doch gestört durch einen
Kreis von Lamien, die sich zwischen Chiron und Faust unablässig durchbewegen; Reizendes aller Art, blond, braun, groß,
155 klein, zierlich und stark von Gliedern; jedes spricht oder singt,
schreitet oder tanzt, eilt oder gestikulirt, so daß, wenn Faust nicht
das höchste Gebild von Schönheit in sich selbst aufgenommen
hätte, er notwendig verführt werden müßte.   Auch Chiron indessen, der Alte, Unerschütterliche, will dem neuen, sinnigen Be-
160 kannten die Maximen klar machen, wornach er seine schätzbaren
Helden gebildet, da denn die Argonauten hererzählt werden und
Achill den Schluß macht.   Wenn aber der Pädagog auf das
Resultat seiner Bemühungen gelangen will, so ergiebt sich wenig
Erfreuliches; denn sie leben und handeln gerade fort, als wenn
165 sie nicht erzogen wären.

Als nun Chiron das Begehren und die Absicht von Faust
erfährt, erfreut er sich doch auch wieder einmal einen Mann zu

sehen, der das Unmögliche verlange, wie er denn immer an seinen
Zöglingen dergleichen gebilligt. Zugleich bietet er dem modernen
Helden Förderung und Leitung an, trägt ihn auf breitem Rücken 170
kreuzweis herüber hinüber durch alle Furthen und Riese des
Peneus, läßt Larissa zur rechten und zeigt seinem Reuter nur
hie und da die Stelle, wo der unglückliche König von Macedonien
Perseus auf der bänglichsten Flucht wenige Minuten verschnaufte.
So gelangen sie abwärts bis an den Fuß des Olympus; hier 175
stoßen sie auf eine lange Prozession von Sibyllen, an Zahl
weit mehr als zwölfe. Chiron schildert die ersten vorüberziehenden
als alte Bekannte und empfiehlt seinen Schützling der sinnigen
wohldenkenden Tochter des Tiresias, Manto.

Diese eröffnet ihm, daß der Weg zum Ortus sich so eben 180
aufthun werde, gegen die Stunde, wo ehmals, um so viele große
Seelen hinabzulassen, der Berg [habe] klaffen müssen. Es ereignet
sich wirklich und, von dem heroskopischen Augenblick begünstigt,
steigen sie sämmtlich schweigend hinunter. Auf einmal deckt Manto
ihren Beschützten mit dem Schleyer und drängt ihn vom Wege 185
ab gegen die Felsenwände, so daß er zu ersticken und zu vergehen
fürchtet. Dem bald darauf wieder Enthüllten erklärt sie diese
Vorsicht: das Gorgonenhaupt nämlich sey ihnen die Schlucht
herauf entgegengezogen, seit Jahrhunderten immer größer und
breiter werdend; Proserpina halte es gern von der Festebene 190
zurück, weil die versammelten Gespenster und Ungethüme, durch
sein Erscheinen aus aller Fassung gebracht, sich alsobald zer-
streuten. Sie, Manto selbst, als hochbegabte wage nicht es an-
zuschauen; hätte Faust darauf geblickt, so wär' er gleich ver-
nichtet worden, so daß weder von Leib noch Geist im Universum 195
jemals wieder etwas von ihm wäre zu finden gewesen. Sie
gelangen endlich zu dem unabsehbaren, von Gestalt um Gestalt
überdrängten Hoflager der Proserpina; hier giebt es zu gränzen
losen Incidenzien Gelegenheit, bis der präsentirte Faust als
zweyter Orpheus gut aufgenommen, seine Bitte aber doch einiger- 200
maßen seltsam gefunden wird. Die Rede der Manto als

Vertreterin muß bedeutend seyn: sie beruft sich zuerst auf die Kraft
der Beyspiele, führt die Begünstigung des Protesilaus, der Al=
ceste und Eury[s]idice umständlich vor. Hat doch Helena selbst schon
205 einmal die Erlaubniß gehabt ins Leben zurückzukehren, um sich mit
dem früh geliebten Achill zu verbinden! Von dem übrigen Gang
und Fluß der Rede dürfen wir nichts verrathen, am wenigsten von
der Peroration, durch welche die bis zu Thränen gerührte Königin
ihr Jawort ertheilt und die Bittenden an die drey Richter verweist,
210 in deren ehernes Gedächtniß sich alles einsenkt, was in dem Lethe=
strom zu ihren Füßen vorüberrollend zu verschwinden scheint.

    Hier findet sich nun, daß Helenen das vorigemal die Rückkehr
ins Leben vergönnt worden unter der Bedingung eingeschränkten
Wohnens und Bleibens auf der Insel Leuce. Nun soll sie eben=
215 mäßig auf den Boden von Sparta zurückkehren, um als wahrhaft
lebendig dort in einem vorgebildeten Hause des Menelas auf=
zutreten, wo dann dem neuen Werber überlassen bleibe, inwiefern
er auf ihren beweglichen Geist und empfänglichen Sinn ein=
wirken und sich ihre Gunst erwerben könne.

220   Hier tritt nun das angekündigte Zwischenspiel ein, zwar
mit dem Gange der Haupthandlung genugsam verbunden, aus
Ursachen aber, die sich in der Folge entwickeln werden, als isolirt
für diesmal mitgetheilt.

    Dieses kurze Schema sollte, freylich mit allen Vortheilen der
225 Dicht= und Redekunst ausgeführt und ausgeschmückt, dem Publicum
übergeben werden; wie es aber da liegt, diene es einsweilen die
Antecedenzien bekannt zu machen, welche der angekündigten Helena,
einem klassisch = romantisch = phantasmagorischen Zwischenspiel zu
Faust, als vorausgehend genau gekannt und gründlich überdacht
230 werden sollten.

    W. d. 17. Decbr. 1826.

Vergl. W.=A. 15b, S. 209—212.

1—5 In dem zweiten Akte der Dichtung erwacht Faust nicht eher, als
er in der klassischen Walpurgisnacht sich auf hellenischem Boden befindet (7056);
seine Träume beschreibt der eben entstandene Homunculus (6903—6920).

7—9. Die Absicht, Faust entsprechend dem Volksbuche noch weitere Irr=
fahrten machen zu lassen, ist nachher aufgegeben; er findet sich unmittelbar nach
dem Schlusse des ersten Actes wieder in seiner alten Heimat, der Universitätsstadt.

15. Im Drama bleibt Homunculus fortwährend im Glaskolben, bis er
an Galatee's Muschelwagen zerschellt.

18 ff. Die zahlreichen besonderen Kenntnisse, die dem Homunculus hier
und im Folgenden zugeschrieben werden, sind später nicht in Anwendung ge=
bracht; dagegen versteht und weiß er Alles, was ihm begegnet, zu beurteilen.

27. Die Benedictiner sind nur namhaft gemacht wegen der Verdienste,
die sie sich überhaupt um die Wissenschaften erworben haben; von einer be=
sonderen Ansicht derselben über den vorliegenden Fall wissen wir nichts.

40. Alle vier. — Wagner ist im Gedichte von der Reise ausgeschlossen.

43. Das chemische Weiblein ist später aufgegeben.

52. Erichtho. — Vergl. 7005—7039.

54. Erichthonius, der in Schlangengestalt geborene und von den
Göttern den Kekropiden anvertraute, fiel später fort. Goethe hatte ihn nur
wegen der Aehnlichkeit mit dem Namen der Erichtho gewählt, um eine etymo=
logische Spielerei daran zu knüpfen, wie dies in ähnlicher Weise 7092—7099
und in dem Fragment S. 87 geschieht.

62—63. Später auf eine Frage beschränkt. (7134—7137.)

64—65. Der Greif wird als altkluger, absprechender Sonderling gedacht.

69 ff. Vergl. 7736 f. Die Umgestaltungen sind nicht zur Ausführung
gekommen.

76. Chimären . . . Gryllen — sind später weggefallen.

77. Harpyien — werden nur beiläufig erwähnt 8819.

78. Python — kommt im Gedichte nicht vor.

79. Stymphalische Raubvögel. Vergl. 7214—7224.

85 f. Man sieht nicht ein, warum die Nereiden und Tritonen verhindert
sind, an dem Feste teilzunehmen; bei der Ausführung ist dies Bedenken auf=
gegeben.

101—109 — später nicht ausgeführt.

113. Siehe nach 7502 „Erdbeben".

114. Scotusa. — Stadt im pelasgiotischen Thessalien.

116. Enceladus, einer der Giganten, auf die Zeus, nachdem Athene
ihn besiegt, den Berg Aetna gelegt hatte, wurde nachher durch Seismos (7519 f.
7550 f. 8361) ersetzt.

120 ff. Anaxagoras wird im Gedichte als Vertreter des Vulcanismus
mehr ins Lächerliche gezogen. Vergl. namentlich 7900—7925.

132—139. Vergl. 7519—7675.

142. Enyo, sonst Kriegsgöttin und Begleiterin des Ares, ist bei Hesiod
Theogon. 273) und Apollodor (II., 4, 2) eine der Graien; diese, die Goethe

hier offenbar meint, wurde später durch die ihnen verwandten Phorkyaden 7971—8033 erset.

148 f. Die geheimen ... sind — ein augenscheinlich aufgegebenes Motiv.

152. Vergl. 7331—7494. Eine Störung des Gesprächs durch die Lamien erfolgt im Gedichte nicht, da diese sich nur mit Mephistopheles zu thun machen (7690—7790).

164 f. Sie leben ... wären — fast wörtlich mit 7343 f. über= einstimmend.

172. Larissa. — Thessalische Stadt am Ossa.

173 f. Die Stelle ... verschnaufte. Vergl. 7465—7468.

180 ff. Der reiche Inhalt ist in Wirklichkeit nicht benutzt; nur die Hilfe der Manto, um Faust zur Unterwelt zu bringen, wird in wenigen Versen (7487—7494) in Aussicht gestellt; daß sie ihn begleitet, wird nur in einzelnen später folgenden Fragmenten vorausgesetzt. Auch die Darstellung von Fausts Verweilen in der Unterwelt ist aufgegeben.

200 ff. Orpheus. Vergl. 7375, 7493; die übrigen mythologisch aus= reichend bekannten Namen kommen im Gedichte nicht vor.

206—211. Achill. Seine Verbindung mit Helena — 7435, 8876.

Aelteres Schema zur klassischen Walpurgisnacht.

Pharsalische Ebene. Mond und Sternhelle Nacht. Ericht[h]o. Zelte. Bivouak der beyden Heere als Nachgesicht. Erichtho Erichthonius. Der jüngere Pompejus. Die Luftwandler. Faust auf klassischem[n] Boden. Sie trennen sich. Mephistoph. um= 5 herwandelnd. Kommt zu den Greifen und Sphynxen. Ameisen und Arimaspen treten auf. Mephist. die Sphynxe und Greife. Fortsetzung. Die Sirenen. Faust in Betrachtung der Gestalten. Hinweisung auf Chiron. Die Stymphaliden. Köpfe der Lernäa. Meph. und Lamien [Faust am Peneus Rohr und Schilf. Weiden= 10 geflüster [?] und Pappelzweige. Faust und Chiron. Sirenen sich badend. Erderschütterung [Seismos]

Flucht nach dem Meere eingeleitet. Beschreibung des Berg= wachsens. Sphynxe zum Entstehen des Berges. Steinregen

Thales Anaxagoras Ameisen Greise Pygmäen Kraniche. Wett-
streit. Daktyle, sonst Däumchen genannt. Mephist. von Lamien 15
zurückkehrend. Motiv seiner weitern Forschung. Meeresgestade.
Sirenen flötend und singend. Mond im Gewässer. Najaden.
Tritone Drachen und Meerpferde.

    Der Muschelwagen der Venus. Telchinen von Rhodus.
Kabiren von Samothrace. Kureten und Korybanten von Creta. 20
Faust mit Chiron und Manto. Exposition des Sibyllenzuges
Zug selbst. Unterirdisch Reich. Verhandlung. Rede der Manto.
Abschluß. Die drey Richter.

    Vergl. W.-A. 15b, S. 215.
    2—3. Nachgesicht. Vergleiche 7011. Erichthonius ebenso der jüngere
Pompejus sind später fallen gelassen.
    9. 10. Rohr — Pappelzweige. Vergl. 7249 f.
    16. Motiv — Forschung. Mephistopheles sucht, nachdem ihn die
Lamien zum besten gehabt haben, die Sphinxe wieder aufzufinden; daß er zu
den Phorkyaden gelangt, wird als zufällig dargestellt.
    19. Muschelwagen der Venus. Galathee wird noch nicht erwähnt,
ebenso wenig wie Homunculus, Nereus, Proteus, Thales, Anaxagoras.
    20. Kureten und Korybanten Priester des Zeus und der Kybele
in Creta und Phrygien — sind später weggefallen.
    21—23. Der hier beabsichtigte Schluß ist nicht zur Ausführung ge-
kommen, wird aber in der Dichtung eigentlich vorausgesetzt.

Skizze c. 7271 ff.

Faust (am Peneus).

Noch ist ihm nicht geholfen. Alles hat nicht an sie heran-
gereicht. Deutet auf eine wichtige Vorwelt. Sie aber tritt in
ein gebildeteres Zeitalter. Göttlichen Ursprungs. Lebhafte Erinnerung an den Traum. Led[th]a und die Schwäne.

    Vergl. II 25 nach der Bezeichnung in W.-A. 15b, S. 38. — Es ist ein halber
Bogen in Folio, auf dem einzelne Verse und Verspartien stehen 7263—7266.
8034 ff., 8076 ꝛc. Die Skizze gilt augenscheinlich dem Suchen Fausts nach
Helena. Für Z. 1—2 vergl. 7197, wo die Sphinxe auf dessen Frage nach ihr

antworten: „Wir reichen nicht heranf zu ihren Tagen." — Z. 3. Das Mittel=
alter im Vergleich zur heroiſchen Zeit. — Z. 4. Mit Beziehung auf den Traum
Fauſts, den Homunculus beſchreibt (6903—6920) und den Fauſt ſelbſt
(7275—7312) noch einmal ausführlich darſtellt.

Schema vom 6. Februar 1830.

Pharſaliſche Ebene. Links der Peneus. Rechts das Ge=
birge. Erichtho. Zelte, Bivouac der beiden Heere. Wachfener
röthlich flammend. Das Ganze als Nachgeſicht. Erichtho führt
5 ſich ein, commentirt die Erſcheinung]? Der jüngere Pompejus.

Die Zelten verſchwinden. Die Fener brennen fort bläulich.
Aufgang des Mondes. Anrede der Erichtho]. Die Luftwandler
ſenken ſich. Fauſt auf klaſſiſchem[n] Boden. Anfrage und
Unterh[altung]. Sie trennen ſich.

10 Fauſt am Peneus. Rohr und Schilfgeflüſter. Weidenbuſch
und Pappelzweig Geſäuſel. Fauſt und Chiron ſich entfernend.
Sirenen ſich badend. Erderſchütterung. Flucht nach dem Meere
eingeleitet. Sphynxe incom[m]odirt. Anaxagoras Steinregen
veranlaſſend. Thales den Homunkulus zum Meere einladend.

15 Mephiſt. und Dryas. Begegnen Schlangen. Findet die Sphynxe
wieder. Verwandelt ſich in ihrer Gegenwart. Abſchen und Ab=
ſchluß. Heißer Wind und Sandwirbel. Der Berg ſcheint zu
verſinken. Mephiſt. ſchlichtet.

Buchten des ägäiſchen Meers. Sirenen. Thales und Ho=
20 munkulus. Nereus und Proteus Najaden, Tritonen, Drachen
und Meerpferde Muſchelwagen der Venus. Telchinen von Rhodus.
Kabiren v[on] Samothrace. Kureten und Korybanten von Kreta.

Chiron über Manto ſprechend. Fauſten bey ihr einführend
U[e]bereinkunft. Geheimer Gang. Meduſenhaupt. Proſerpina
25 verhüllt. Manto ihre Schönheit rühmend. Vortrag.

Zugeſtändniß Melodiſch unvernehm[mlich] Manto erklärt.

Vergl. W.=A. 15 b, S. 216. Speziellere und spätere Ausführung des Vorigen, wohin auch für die Anmerkungen zu verweisen ist, die „Nachgesicht, den jüngern Pompejus, die Kureten und Korybanten" betreffen.

9. Sie — die Luftwandler.

13. Sphinxe incommodirt. Vergl. 7523 ff.

15. Schlangen. — Vergl. 7227 die Köpfe der Lernäischen Schlange.

16. Verwandelt—Gegenwart - nicht ausgeführt. Mephistopheles erscheint nach seiner Unterredung mit den Phorkyaden in der Walpurgisnacht nicht mehr, so daß die Sphinxe auch keinen Abscheu vor ihm zeigen können.

18. Schlichtet unklar schon deswegen, weil Mephistopheles nicht mehr vorkömmt.

24. Geheimer Gang. Medusenhaupt. — Siehe S. 91 f.

24—26. Proserpina erklärt. — Wesentliche Erweiterung von S. 83 Z. 21 ff.

Zu 6983—6986.

Du darfst dich nur bequemen
Mir hinten [nach] den nächsten Weg zu nehmen;
Ich schwebe vor, du packe diesen ein —
Der alte Mantel mag das Flugwerk seyn.

Vergl. W.=A. 15 b, S. 42. — Homunculus zu Mephisto vor der Luftfahrt.

Zu 6994—6998.

Geld, Ueberfluß, lang gesundes Leben
Und will uns Gott auch Jugend [geben]
Ich setze dir das Tüpfchen auf das i —
Da ist ein Buchstab und uns fehlt es nie.

Vergl. W.=A. 15 b, S. 42.

Zur klassischen Walpurgisnacht.

Reden mag man noch so griechisch,
Hörts ein Deutscher, der verstehts.

Vergl. W.=A. 15b, S. 219. — Wir möchten in den Versen eher eine
ironische Bemerkung des Mephistopheles über eine seiner Auffassung nach un=
nütze Gelehrsamkeit finden, als sie, wie in W.=A. geschieht, auch nur ver=
mutungsweise Wagner zuweisen.

Zur klassischen Walpurgisnacht.
Zu 7080 ff.

Du schärfe deiner Augen Licht,
In diesen Gauen scheints zu blöde;
Von Teufeln ist die Frage nicht,
Von Göttern ist allhier die Rede.

Vergl. W.=A. 15b, S. 220 und die älteren Ausgaben.

Zur klassischen Walpurgisnacht.
Zu 7082—7090.

Das Auge fordert seinen Zoll;
Was hat man an den nackten Heiden?
Ich liebe mir was auszukleiden,
Wenn man doch einmal lieben soll.

Vergl. W.=A. 15b, S. 221 und die älteren Ausgaben.

[Etymologie] Mephistopheles spricht.
Zu 7091 ff.

Ars Ares wird der Kriegesgott genannt,
Ars heißt die Kunst und Arsch ist auch bekannt.
Welch ein Geheimniß liegt in diesen Wundertönen!
Die Sprache bleibt ein reiner Himmelshauch,
Empfunden nur von stillen Erdensöhnen;   5
Fest liegt der Grund, bequem ist der Gebrauch,
Und wo man wohnt, da muß man sich gewöhnen.
Wer fühlend spricht, beschwätzt nur sich allein;
Wie anders, wenn der Glocke Bimbam bammelt,
Drängt alles zur Versammlung sich hinein!   10
Von Können kommt die Kunst, die Schönheit kommt vom
                                        Schein;
So wird erst nach und nach die Sprache festgerammelt,
Und was ein Volk zusammen sich gestammelt,
Muß ewiges Gesetz für Herz und Seele sein.

Vergl. die Ausgabe q, aus der die Ueberschrift entnommen ist. Der
Inhalt ist verwandt mit 7091 ff., da dort die Worte „Greis" und „Greif" der
etymologischen Spielerei zu Grunde gelegt werden. Bedenklich erscheint allerdings, daß diese gefühlvolle Auffassung der Sprache dem Mephistopheles zugeschrieben werden sollte, der freilich nicht selten aus seiner Rolle fällt. Für
Faust selbst würde sie besser passen.

Zu 7117—7152.

In welcher Sprache — weiß doch selbst nicht wie —
Sind Britten hier, sie reisen sonst so viel.
Mag seyn jedoch. In ihrem Bühnenspiel
Im ältsten tret ich auf als old iniquity.

15 Du brauchst fürwahr dich nicht zu übersetzen,
    Als alten Schalck weiß man dich wohl zu schätzen.

    Gieb mir ein Räthsel aus dem tiefsten Schrein —
    Sprich nur dich selbst, das wird [ein] Räthsel seyn

Vergl. W.-A. 15 b, S. 44 f. Z. 1. Sprache ist später durch „Namen"
ersetzt; denn Mephistopheles versteht die Sphinxe. — Z. 6. Schalk wird der
letztere von den Sphinxen genannt in Uebereinstimmung mit 339, 5792, 6600.

Zur klasischen Walpurgisnacht.
Zu 7519—7572.

Seismos.

Ohne gräßliches Gepolter
Könnte keine Welt entstehn.

Als ich einstmals stark gehustet,
Wußt ich nicht, wie mir geschah,
5 Hatt ich sie herausgepustet,
   Und sie stehn als Berge da.

              Ahnen
Wenn wir die Gegend umgewühlt
Mit Pelion und Ossa Ball gespielt
10 Und übermüthig mit Titanen.

Und setzten sie wie eine Mütze
Dem grämlichen Olympus auf.

Die Alten lächelten vom düstren Sitze
Da nach dem heißen Spiel zuletzt
15 Wie[r?] frevelhaft als eine Doppelmütze
   Sie dem Parnaßus aufgesetzt.

Nun Thronen sie auf ihren Sitzen
Apoll mit seiner Musen Chor,
Selbst Jupitern mit seinen Blitzen
Schob ich den Sessel hoch empor.   20

—————

Und man sagt mir, die Titanen
Hatten alles das erstürmt,
Und zu unersteignen Bahnen
Das Gebirgs werd aufgethürmt.

Diese schöne glatte Flur   25
Und es ist das Gas sylvestre,
Daß[s] mir einst im Schlaf entfuhr.

So bin ich der Gott der Winde;
All das alte dumme Zeug
Nord und Süd und West gesünde   30
[Höhen alle?] Meer und Reich [?]
Steigt durch los gelassne Kräfte
Himmelan . . .

. . . . . .

Pluto hat es mir vermacht.   35

— —   —

Wenn er mit seinem Weibe test [?],
Dann sprüht der Erdkreis von Vulkanen
Und Alpen steigen spizzig auf.

Das sind Gewitter,
Von denen Jupiter nichts weis.   40

Vergl. W.-A. 15b, S. 218—220 und für V. 7—20 ebendaselbst 52 f. —
Seismos, dem alle diese Verse zuzuweisen sind, ist eine von Goethe geschaffene
Gestalt, Personifikation des Erdbebens, die er an Stelle des früher in Aussicht
genommenen Enceladus gesetzt hat.

V. 1 und 2. — Hinweis auf den vulkanischen Ursprung der Erde. —
Man vergl. auch 7561 f.

V. 7—20 geben die ältere Fassung von 7559—7569.

V. 12. Grämlich — verdüstert von den vielen Wolken auf seinen
Höhen.

V. 13. Die Alten — im Gedichte selbst „die höchsten Ahnen", die
Nacht, das Chaos.

V. 26. Gas sylvestre — der alte Name für die Kohlensäure.

V. 28. Das betonte ich führt zu der Ergänzung, „nicht Aeolus".

Zu 7797—7800.

Sehr eilig hast du dich benommen
Und bist wohl übel angekommen.

5

Ich ging — Ihr laßt euch nicht belügen
Mich ein Momentchen zu vergnügen
Doch hinter holden Maskenzügen
Sah ich Gesichter daß mich's schauerte.
Gar gerne ließ ich mich belügen,
Wenn es nur länger dauerte.

Vergl. W.-A. 15b, S. 47 f.   Die beiden ersten von der Sphinx zu
dem von seinen Entäuschungen bei den Lamien zurückkehrenden Mephistopheles
gesprochenen Verse sind ebenso wenig wie die beiden folgenden in den Text ge=
kommen; nur 5—8 finden sich in demselben mit einigen Veränderungen.

Fortgelassene Verse hinter 8051.

Ich eile nun und such im vollen Lauf
Der neusten Tage kühnsten Meisel auf;
Mit Gott und Göttin laßt uns [früher euch] dann gefallen,
Gesellt zu stehn in heiligen Tempelhallen.

Vergl. W.-A. 15b, S. 58. Mephistopheles verhöhnt die Häßlichkeit der
Phorkyaden, indem er sie in Tempeln, von den größten Künstlern dargestellt,
aufstellen will.

Zu 8035—8041.

Halte still am Mittel Himmel
Und be[   ]
Scheine, mildre das Gewimmel
Diese [?] Wasser Blitze leuchten
Diese Wellen feuchten   5
Denen, die daraus entstehen,
Schwebend auf und niedergehen.

Vergl. W.=A. 15 b, S. 59. Diese an den Mond gerichteten Verse sind
dahin zu verstehen, daß er angerufen wird, den Glanz des sich im Meere ab=
spiegelnden Sternenhimmels zu mildern. — Auf eine grammatische Konstruktion
derselben muß wohl verzichtet werden.

Zur klassischen Walpurgisnacht.

Zu 8260 f.

Wenn du entstehn willst, thust du immer besser,
Du wirfst dich ins ursprüngliche Gewässer.
Es ist zu klar

Vergl. W.=A. 15 b, S. 221. Worte des Thales an Homunculus gerichtet.

Prolog des dritten Akts.

Geheimer Gang. Manto und Faust. Einleitung des Fol=
genden. Medusenhaupt. Fernerer Fortschritt. Proserpina verhüllt.
Manto trägt vor. Die Königin an ihr Erdeleben erinnernd.
Unterhaltung von der verhüllten Seite, melodisch artikulirt schei=
nend aber unverne[h]mlich. Faust wünscht sie entschleyert zu sehen.   5
Vorhergehende Entzückung. Manto führt ihn schnell zurück. Er=
klärt das Resultat. Ehre den Antecedenzien. Die Helena war

schon einmal auf die Insel Leuce beschränkt. Jetzt auf Sparta=
nischem Giebiet soll sie sich lebendig erweisen. Der Freyer suche
10 ihre Gunst zu erwerben. Manto ist die Einleitung überlassen.
W[eimar] d. 18 Juni [18]30.

Vergl. W.=A. 15b, 224 f. Die Skizze beweist, daß Goethe auch noch
nach Vollendung und Veröffentlichung der Helena (1827) an eine Erweiterung
derselben dachte, indem er darstellte, auf welchem Wege und auf welche Weise
ihr Erscheinen auf der Oberwelt ermöglicht wurde. Er hat diesen Plan indessen
vollständig aufgegeben, gewiß vorzugsweise deshalb, weil die Dichtung in der be=
kannten Gestalt schon ein abgeschlossenes Ganzes giebt. Es ist demnach wohl
gerechtfertigt, wenn wir, um dieses auch in den „Nachträgen" nicht zu stören,
alles hierauf Bezügliche vor den dritten Akt stellen.

1—2. Für die Worte bis „Medusenhaupt" vergl. S. 84 und 93. Das
Nachfolgende ist eine neue Ausführung.

7. Antecedenzien. Die früheren Fälle, in denen Gestorbene aus
der Unterwelt zurückgekehrt sind, so Helena, als sie mit Achill auf der Insel
Leute lebte, Protesilaos, Eurydice, Alcestis.

10 11. Einleitung zu der Verbindung Faust's mit Helena.

— — — —

Auf dem Wege zur Unterwelt.

Faust.

Das wohlgedachte glaub ich spricht sich ebenso
In solchen ernsten langgeschwänzten Zeilen aus
Und ist es [?] die Bedingung jene göttliche
Zu sehn, zu sprechen, ihr zu nahn von Hauch zu Hauch,
5 So wage sonst noch andres Babylonische
Mir zuzumuthen, schülerhaft gehorch ich dir.
Mich reizt es schon von Dingen sonst mit kurzem [?] Wort
Leicht abgethan mich zu ergehen redehaft
Damit ich unverweilt

Manto].

10 Verspare dies, bis zur aller ältesten kommst.
Die Lust giebt lange Weile die man zwingen [?] muß
Die Frauen liebens allermeist die Tragischen[n?]

Da spricht ein jeder sinnig mit verblümtem Wort
Weitläufig aus was [ohn gefähr?] ein jeder weis.
Doch still hievon, gesammelt[?] steh zur Seite schn[ell?]   15
Man spaße nicht, wenn sich der Orkus öffnen will.

————

Nur wandle den Weg hier ungestört;
Ein jeder stutzt der Unbegreiflich[es] hört.

————

[Faust.]

Sieh hier die Tiefe dieses Ganges,
Es deckt sie uns ein düstrer Flor;   20
Mich däucht, was Riesenhaftes langes
Tritt aus der Finsterniß hervor.

Faust.

Was hüllst du mich in deinen Mantel ein?
Was drängst du mich gewaltsam an die Seite?

Manto.

Ich wahre dich vor größrer Pein;   25
Verehre weisliches Geleite!

Vergl. W.-A. 15 b, S. 225 f.
V. 1—16. Die Anwendung des antiken Trimeters weist auf die Absicht
hin, die Verse der „Helena" voranzuschicken.
V. 10 — die allerälteste — Proserpina?
V. 21. Das sich bewegende Gorgonenhaupt, von dem Faust versteinert
wäre, wenn es ihn erblickt hätte.

Dritter Akt.

—

Aelterer Entwurf.

Helena erscheint: durch einen magischen Ring ist ihr die
Körperlichkeit wieder gegeben. Sie glaubt soeben von Troja zu
kommen und in Sparta einzutreffen. Sie findet alles einsam,
sehnt sich nach Gesellschaft, besonders nach männlicher, die sie
5 ihr lebelang nicht entbehren können. Faust tritt auf und steht
als deutscher Ritter sehr wunderbar gegen die antike Heldenge-
gestalt. Sie findet ihn abscheulich, allein da er zu schmeicheln
weiß, so findet sie sich nach und nach in ihn, und er wird der
Nachfolger so mancher Heroen und Halbgötter. Ein Sohn ent-
10 springt aus dieser Verbindung, der, sobald er auf die Welt
kommt, tanzt, singt und mit Fechterstreichen die Luft theilt. Nun
muß man wissen, daß das Schloß mit einer Zaubergränze um-
zogen ist, innerhalb welcher allein diese Halbwirklichkeiten gedeihen
können. Der immer zunehmende Knabe macht der Mutter viel
15 Freude. Es ist ihm alles erlaubt, nur verboten über einen gewissen Bach zu gehen. Eines Festtags aber hört er drüben
Musik und sieht die Landleute und Soldaten tanzen. Er über-
schreitet die Linie, mischt sich unter sie und kriegt Händel, ver-
wundet viele, wird aber zuletzt durch ein geweihtes Schwert
20 erschlagen. Der Zauberer Castellan rettet den Leichnam. Die
Mutter ist untröstlich und indem Helena in Verzweiflung die
Hände ringt, streift sie den Ring ab und fällt Faust in die
Arme, der aber nur ihr leeres Kleid umfaßt. Mutter und Sohn

ſind verſchwunden. Mephiſtopheles der bisher unter der Geſtalt
einer alten Schaffnerin von allem Zeuge geweſen, ſucht ſeinen 25
Freund zu tröſten und ihm Luſt zum Beſitz einzuflöſen.

Vergl. W.=A. 15 b, S. 176.

1—2. Den magiſchen Ring — kennt das ausgeführte Gedicht nicht;
aber auch in ihm glaubt Helena ebenſo wie ſchon in Hᵉ. unmittelbar von
Troja zu kommen.

3—9 im Allgemeinen der Dichtung entſprechend, nur iſt in dieſer
nirgends auch nur angedeutet, daß Helena Fauſt „abſcheulich" findet.

9—20. Erſte Geſtaltung des Euphorion, deſſen Umgebung freilich ſpäter
ganz anders iſt — kein Zauberſchloß, auch kein Bach, deſſen Ueberſchreiten ihm
verboten iſt u. ſ. w. . . . Daß der Knabe durch ein geweihtes Schwert erſchlagen
wird, deutet darauf hin, daß er als dämoniſche Geſtalt anzuſehen iſt. Voll=
ſtändig abweichend von dem Späteren iſt auch die Art ſeines Todes.

21—26. Während Einzelnes mit der ſpäteren Darſtellung übereinſtimmt,
bleibt zu beachten, daß Mephiſtopheles hier noch nicht als Phorkyas bezeichnet
wird, während dies in Hᵉ ſchon geſchieht, und beſonders noch, daß Helena nicht
freiwillig aus dem Leben ſcheidet, ſondern dazu gezwungen wird, indem ſie
durch das zufällige Abſtreifen des Ringes ihre Körperlichkeit verliert.

Helena klaſſiſch=romantiſche Phantasmagorie.
Zwiſchenſpiel zu Fauſt.

[Ankündigung] I.

Dem alten auf die ältere von Fauſt umgebende Fabel ge=
gründeten Puppenſpiel gemäß ſollte im zweiten Theil meiner
Tragödie gleichfalls die Verwegenheit Fauſt's dargeſtellt werden,
womit er die ſchönſte Frau, von der uns die Ueberlieferung
meldet, die ſchöne Helena aus Griechenland, in die Arme begehrt. 5
Dieſes war nun nicht durch Blocksbergs Genoſſen, ebenſowenig
durch die häßliche, nordiſchen Heren und Vampyren nah ver=
wandte Enye zu erreichen, ſondern, wie in dem zweiten Theile
alles auf einer höhern und edlern Stufe gefunden wird, in den
Bergklüften Theſſaliens unmittelbar bey dämoniſchen Sibyllen 10
zu ſuchen, welche durch merkwürdige Verhandlungen es zuletzt

dahin vermittelten, daß Persephone der Helena erlaubte, wieder
in die Wirklichkeit zu treten, mit dem Beding, daß sie sich nirgends als auf dem eigentlichen Boden von Sparta des Lebens
15 wieder erfreuen solle; nicht weniger mit fernerer Bedingung,
daß alles Uebrige sowie das Gewinnen ihrer Liebe auf mensch-
lichem Wege zugehen müsse; mit phantastischen Einleitungen solle
es so streng nicht genommen werden.

Das Stück beginnt also vor dem Pallaste des Menelaus
20 zu Sparta, wo Helena, begleitet von einem Chor trojanischer
Frauen als eben gelandet auftritt, wie sie mit den ersten Worten
[s. 8489 ff.] sogleich zu verstehen giebt. [Hier folgt 8489—8496].

Mehr aber dürfen wir von dem Gang und Inhalt des
Stücks nicht verrathen.

25 Dieses Zwischenspiel war gleich bey der ersten Conception
des Ganzen ohne Weiteres bestimmt und von Zeit zu Zeit an
die Entwickelung und Ausführung gedacht, worüber ich jedoch
kaum Rechenschaft geben könnte. Nur bemerke ich, daß in der
Schiller'schen Correspondenz vom Jahr 1800 dieser Arbeit als
30 einer ernstlich vorgenommenen Erwähnung geschieht, wobey ich
mich denn gar wohl erinnere, daß von Zeit zu Zeit auf des
Freundes Betrieb wieder Hand angelegt wurde, auch die lange
Zeit her wie gar manches Andere, was ich früher unternommen,
wieder ins Gedächtniß gerufen ward.

35 Bey der Unternehmung der vollständigen Ausgabe meiner
Werke ward auch dieses wohlverwahrte Manuscript wieder vor-
genommen und mit neubelebtem Muthe dieses Zwischenspiel zu
Ende geführt und um so mehr mit anhaltender Sorgfalt behandelt, als es auch einzeln für sich bestehen kann und in dem
40 4ten Bande der neuen Ausgabe unter der Rubrik „Drama-
tisches" mitgetheilt werden soll.

Vergl. W.-A. 15b, S. 213 f.
29. Schiller'sche Korrespondenz. — Vergl. die Briefe vom 12. Sep-
tember bis zum 18. November 1800 (Nr. 760—773 der vierten Auflage).

Helena.

Zwischenspiel zu Faust.

Ankündigung II.

Fausts Charakter, auf der Höhe, wohin die neue Aus=
bildung aus dem alten rohen Volksmährchen denselben hervor=
gehoben hat, stellt einen Mann dar, welcher, in den allgemeinen
Erdenschranken sich ungeduldig und unbehaglich fühlend, den
Besitz des höchsten Wissens, den Genuß der schönsten Güter für   5
unzulänglich achtet, seine Sehnsucht auch nur im Mindesten zu
befriedigen, einen Geist, welcher deßhalb nach allen Seiten hin
sich wendend immer unglücklicher zurückkehrt.

Diese Gesinnung ist dem modernen Wesen so analog, daß
mehrere gute Köpfe die Lösung einer solchen Aufgabe zu unter= 10
nehmen sich gedrungen fühlten. Die Art, wie ich mich dabei
benommen, hat sich Beifall erworben; vorzügliche Männer haben
darüber gedacht und meinen Text kommentirt, welches ich dankbar
anerkannte. Darüber aber mußte ich mich wundern, daß die=
jenigen, welche eine Fortsetzung und Ergänzung meines Frag= 15
ments unternahmen, nicht auf den so nahe liegenden Gedanken
gekommen sind, es müsse die Bearbeitung eines zweiten Theils
sich nothwendig aus der bisherigen kümmerlichen Sphäre ganz
erheben und einen solchen Mann in höheren Regionen durch
würdige Verhältnisse durchführen.   20

Wie ich nun von meiner Seite dieses angegriffen, lag im
Stillen vor mir, von Zeit zu Zeit mich zu einiger Fortarbeit
anregend; wobei ich mein Geheimniß vor allen und jeden sorg=
fältig verwahrte, immer in Hoffnung, das Werk einem gewünschten
Abschluß entgegenzuführen. Jetzo aber darf ich nicht zurückhalten 25
und bei Herausgabe meiner sämmtlichen Werke kein Geheimniß
mehr vor dem Publikum verbergen, vielmehr fühle ich mich ver=
pflichtet, alles mein Bemühen, wenn auch fragmentarisch, nach
und nach vorzulegen.

Deßhalb entschließ' ich mich zuvörderst, oben benanntes, in 30

den zweiten Theil des Fausts einzupassendes, in sich abgeschlossenes
kleineres Drama sogleich bei der ersten Sendung mitzutheilen.

Noch ist die große Kluft zwischen dem bekannten jammer=
vollen Abschluß des ersten Theils und dem Eintritt einer grie=
35 chischen Heldenfrau nicht überbrückt; man genehmige jedoch vor=
läufig Nachstehendes mit Freundlichkeit.

Die alte Legende sagt nämlich und das Puppenspiel verfehlt
nicht, die Scene vorzuführen, daß Faust in seinem herrischen
Uebermuth durch Mephistopheles den Besitz der schönen Helena
40 von Griechenland verlangt und dieser ihm nach einigem Wider=
streben willfahrt habe. Ein solches bedeutendes Motiv in unserer
Ausführung nicht zu versäumen, war uns Pflicht, und wie wir
uns derselben zu entledigen gesucht, wird aus dem Zwischenspiel
hervorgehen. Was aber zu einer solchen Behandlung die nähere
45 Veranlassung gegeben und wie nach mannigfaltigen Hindernissen
den bekannten magischen Gesellen geglückt, die eigentliche Helena
persönlich aus dem Orkus ins Leben heraufzuführen, bleibe vor
der Hand noch unausgesprochen. Gegenwärtig ist genug, wenn
man zugiebt, daß die wahre Helena auf antik=tragischem Kothurn
50 vor ihrer Urwohnung zu Sparta auftreten könne. Sodann aber
bittet man die Art und Weise zu beobachten, wie Faust es unter=
nehmen dürfe, sich um die Gunst der weltberühmten königlichen
Schönheit zu bewerben.

Siehe Kunst und Altertum von Goethe VI, 1., S. 200—203 — 1827.
Außerdem abgedruckt in der Hempelschen Ausgabe S. 29, 342 f.

9—11. Dramatische Bearbeitungen des Faust vor der Zeit, da das
Obige geschrieben wurde, giebt es zum Beispiel von J. F. Schink 1782 und
1796, von F. M. von Klinger 1794, von J. Reichsgraf von Soden 1797, von
K. F. Bentowitz 1801 und 1806, Dr. K. Schöne 1807, von A. Klingemann 1808,
von Julius von Voß 1823.

13 f. Zu den Kommentatoren des Textes rechnet Goethe außer Schubarth,
Zauper und Hinrichs vielleicht auch Schelling, Hegel, Woltmann, Huber und
A. W. Schlegel wegen der eingehenden Behandlung des Gedichtes in verschiedenen
Schriften.

Aeltere Skizzen.
Helena. Egypterin. Mägde.

H.

Mägden befiehlt eine Spartanische Fürstin.

F g.

Alberne Späße.

H.

Verdrießlichkeit.

F g.

Weitere Reden.

H.

Drohung.   5

F g.

Und das heilige Menschenrecht
Gilt dem Herren wie dem Knecht.
Brauch nichts mehr nach euch zu fragen,
Darf der Frau ein schnippchen schlagen,
Bin dir längst nicht mehr verkauft —   10
Ich bin Christin, bin getauft

H.

Erstaunen

F g.

Zuerst aus dem S . . . freundl. Ort. Rhein thal.

H.

Jammer, daß Venus sie wieder belegen [betrogen?]
Klage der Schönheit   15

F g.

Lob der Schönheit.

H.

Bangigkeit, wem sie angehöre.

E g.

Trost.   Faust gerühmt.

Faust.

H.

Will zu den ihrigen

F.

20   Alle dahin.   sie selbst aus Elysium gehohlt.

H.

Danckbarkeit.   heidnische Lebens liebe.

F.

Leidenschaft Antheil

H.

Wiedmet sich Fausten.

Wie häßlich neben Schönheit ist die Häßlichkeit [8810]

Vergl. W.=A. 15 b, S. 184. — Das Schema deutet auf eine frühe Zeit
hin; in H. (1800) ist bereits das Auftreten des Mephistopheles als Phorkyas
festgestellt; augenscheinlich war auch die Aegypterin für ihn bestimmt. In
der ausgeführten Dichtung giebt Phorkyas der Helena und dem Chor gegenüber
sich als Creterin aus, die Menelaus geraubt und als Schaffnerin eingesetzt habe
(8864), so daß der Chor sie (9630) Cretas Erzeugte nennt. Von alledem ist
hier noch keine Spur; auch die Vorstellung, daß sie Christin sein und dadurch
auf Helena wirken will, ist etwas bisher Unbekanntes.

1—5 erinnert wenigstens an die Scene 8754—8810, wie denn auch der
letzte Vers fast in demselben Wortlaut dort steht.

12. Erstaunen — über die vorangehende Mitteilung.

13. C ... ist nach W.=A. nicht als „Creus" zu ergänzen — die nachfolgen=
den Worte deuten auf bisher gänzlich unbekannte Absichten der Darstellung hin.

14—17. Vergl. Odyss. 4, 261 ff., Ilias 5, 349. — Worin die diesmalige Lüge der Göttin bestanden habe, ist nicht ersichtlich; aber Helena hat vor der neuen Verbindung, die sie vermutet, zunächst Furcht.

18. Vergl. 9011—9016.

20. Nach der späteren Darstellung ist Helena aus dem Orkus geholt, vergl. aber Odyss. 4. 563 ff., wo die Elysische Ebene als die Wohnstätte für Helena und Menelaus nach ihrem Tode angegeben wird.

21. Heidnische Lebensliebe. Vergl. Odyss. 11, 488 ff., wo Achilles seine Unzufriedenheit mit dem Hades ausspricht.

22—23. Vergl. 9355—9418.

Skizze [8488—9418].

Helena von dem Schiffe Chor UrAlte Mythologie.
Säuberung und Weihen. Uebergang zur Schönheit Lacedämon
Tyndareus und Leda Entspringen der Schönheit. Helena
Clyt[ämnestra] Cast[or] Pollux. Ewige Jugend Anmuth pp.
Helena aus dem Pallast. Chor scheltend des Ungeth[üm] Phor= 5
kyas dazu Increpatio. Helena und Dienerinnen .. Phorkyas
schmeichelt sich ein. Erscheint nicht so häßlich Uebergang ins
magische Unheimliches Ring Versuch[ung?] Chor fühlt mit.
Gefühl des Orkus. Chor fühlts mit. Phorkyas Kuppeley Faust
Anstoß an der Kleidung pp. Phorkyas fortgesetzte Kuppeley 10
Chor Erinnerung an die vielen Liebhaber und Zufälle. Auch
Localitäten Ergezliche Nachgiebigkeit. Schleß Mittelalter
Ahnung großer Entfernung der Zeit und des Raumes.

Vergl. W.=A. 15b, S. 227. — Der noch nicht aufgegebene magische Ring Helenas (Z. 8) weist auf einen ziemlich frühen Ursprung der Skizze hin.

1. Vor dem Schiffe — nach der angenommenen Rückkehr aus Troja.

1-2. Uralte — Schönheit - allgemeine Bemerkung über die griechische Mythologie und deren Entwicklungsstufen.

3—4. Tyndareus -- Pollux. Vergl. He. 9—12 und 8446—8449.

6. Increpatio — die Scheltrede 8754 ff. ist vorzugsweise gegen den Chor gerichtet; die Invektiven gegen Helena siehe 8843 8881.

8. **Verfuchung.** — Wenn die Auflöfung richtig ift, fo ift damit die Vorbereitung zum Opfer (8921 ff.) gemeint, daß Helena ihren eigenen Tod befürchten läßt. Darauf deutet auch noch Z. 9 hin.

9—12. Die Verfuche der Phorkyas, Helena für Fauft zu gewinnen, fiehe 9010—9045.

11—12. **Erinnerung ... Localitäten.** Vergl. 8843—8881 und 9051—9066.

Skizze [8845—8881].

Helena Kind Thefeus Gefreyt Patroklus [Vorher?] Mene= laus .. Paris 1. Wittwe Deiphobus 2. Wittwe Menelaus. Geift Achillens Menelaus Rache Deiphobus Opferfurcht. Menelaus wieder Pirate. Beftimmung [?] bis [?] zu feiner
5 Rückfehr [?]. Ihr fey fie zu hüten gegeben Bis zu jenem traurigen Gefchick. Mitleiden.

Er[eterin?]

Vergl. W.=A. 15b, S. 227.
1—2. Aufzählung der verfchiedenen Verbindungen Helenas.
3. Hinweis auf die Erzählung bei Herodot, daß Helena nach Aegypten geführt und in Troja nur ihr Idol (Schattenbild?) gewefen fei. — Vor „Geift Achillens" ift geftrichen „Geift Egypten", dahinter „Nichtigteits=Gefühl. Vermehrt."
4. **Menelaus ... Pirate.** Vergl. 8985 und 9123 ff.

Skizze 8985 ff. zum Theil auch auf Früheres zurück= greifend.

Tabel des Run away — des Piraten fchweifens. H[elena]? Ausweichend. Vigilantibus jura scripta sunt [Vgl. Dig. 42, 8] Nördlicher Einfall der Gallier Anachronism Anbau Nachbar Vorfch[lag?] [Vorficht?]
5 H[elena] Ablehnen Ob dann auch. Ph[orkyas]. Wirkung der Eiferfucht. Ruhm der Schönheit. Chor Belobt. H[elena] zaubert. Phork[yas] Mit Opfer Apparat Beil und Strick. Zufage. Magie. Lufterfcheinungen. Anapäfte.

Vergl. W.-A. 15 b, S. 227 f.

1. Run away — Landstreichen — hier auf die See und den Seeraub bezogen.

3. Der Einfall der Gallier, in dem ein Anachronismus gelegen hätte, ist, wenn auch nicht deswegen, später doch aufgegeben. Ein Ersatz liegt in dem fingirten Angriff des Menelas (9426 ff.).

5. Zusage. Vergl. 9074; mit den folgenden Worten ist der Uebergang in die mittelalterliche Burg Faust's bezeichnet (9110 ff.). — Die Anapästen singt oder spricht der Chor 9152—9164.

Skizze 9010 ff.

Burg von außen. Besitzer. Dessen Art und Weise. Großmüthige Protektorschaft. Burg inwendig. Lüsterne Beschreibung. Widerstreben der Helena. Trompeten von Ferne. Phorkyas geht zum Pallaste. Kommt mit verhüllten Zwergen zurück, welche die sämmtlichen Opfergeräthschaften bringen. Phorkyas 5 will sich mit ihnen entfernen. Aufgehalten durch den Chor, dem er die Stricke vorzeigte. Endliche Einstimmung der Helena mitzugehen. Versagen des ja. Wolkenzüge alles verdeckend. Sich endlich aufklärend. Sie befinden sich in dem Hofe einer Ritterburg. Ohne Phorkyas. 10

　　　Alte geh voran

[9078] Bewegen wir den Fuß oder nicht zu dem

　　　Erwünschten Ziel

　　　Nebel hüllet die Giebel [? Glieder?]

　　　Hüllet die Säulen schon. 15

Allein die Frauen. Betrachtende Beschreibung. Helena Monolog Gesez des Ringes. Gefühle. Knappen Ritter Faust. Zorn[iger] Empfang. Ohne Anmeldung und Einführung. Schutz gesucht. Ritterlich beantwortet. Gegeneinan[der] angewiesen [Plätze] Handkuß. Verwundrung. Kniet, widmet sich zum Ritter. 20 Schärpe. Versprechen der Regierung des Peloponnes. Anweisung zur Seite. Geht ab. Die Ritter gehen ab. Helena

Menelog. Phorcyas nachricht von Menelas Abreise. B[e]rau=
schung. Sparta. Nachricht von der Reise. (Einladung auf den
25 Thu[rm]. Nicht Belagerer.

Vergl. W.=A. 15 b, S. 228, aber größtenteils schon 1883 veröffentlicht
in G. J. 4, 345 f. durch von Loeper. Beide Drucke zeigen viele Ab=
weichungen.
  Die Skizze gehört nicht der spätesten Zeit an, da manches in ihr noch
anders ist, als es später ausgeführt wurde. Dahin gehört das Versagen des
Ja (3. 7. 8), der Ring (3. 17), die Schärpe (3. 21), die sonst nirgends
vorkommt, und die Abreise des Menelas (3. 23). Die Schlußpartie „Be=
rauschung — Belagerer setzt Absichten voraus, die sich allerdings einiger=
maßen errathen, aber doch nicht mit Sicherheit deuten lassen.

Skizze 9127—9574 mit einigem Späteren und Früheren.

    Als Rittersfrau [?]. Leere. Annäherung an Faust. Lieb=
schaft. Hymenae[a]. Chor sich zu unterhalten. Geschichten.
Entführung [W.=A. Entstehung]. Freyer. Beklagen die Helden,
die sie nicht gekannt, den Hertules pp. Wahl des Menelas. Flucht
5 mit Paris. Duft beyder. Halbchor [?] Trojanischer Krieg.
Wiederkehr von Menelas. Der Schönen geht es überall wohl.
    Schwangerschaft Phorcyas hinweg [?] zu machen Phor=
cyas. Nachricht. Entbindung. Sohn Chor Geburt des
Merkurs.

  Vergl. W.=A. 15 b, S. 229.
  3. 1. Vergl. S. 9356 ff.
  3. 2. Geschichten — scheint sich mehr auf die Geburt des Merkur
9644 9678 als auf 8972 ff. zu beziehen, wo Phorcyas von Helena zu er=
zählen anfängt.
  3. 5. Duft beyder — le parfum de la jeunesse. Vergl. 9046 f. und
6476 f. An beiden Stellen wird der Duft nur dem Paris zugeschrieben.

Skizze 9356—9900.

H[elena] zu sich einladend F[auſt] Gegenkompl[iment].
Thorwächter mit Geſchenken . . . Werth. H. Frage nach dem
Reim. F. Einklang. Nationalität Anklang der Entfernung
von Ort und Zeit. Ph[orkyas]. Heftige Nachricht von Menelas
Anrücken. Aus der großen Leere Bedürfnis des Eingreifens 5
H. Schutz verlangend Fauſt verſpr[icht]. des Pr [?] Vorüber-
ziehenden. Vorſt[ellung] Im Geſchütz [Exploſion]. H. furcht-
ſam ſich anſchmiegend (Zelt ſtatt des Throues hinweggeholt).
Chor Wer verdächt es unſerer Königin.

Tanz oben. Phorkyas interloquirt Chor zu d[em] Phor- 10
kyas ſchilt. Nachricht der Entbindung. Nennſt du ein Wunder das ?

Fauſt Helena Euphorion Kunſtſtücke und Todt.

Vergl. W.-A. 15b, S. 229. Sehr undeutlich geſchriebene Stizze, in der
manches unerklärt bleiben muß.

Z. 1. Gegenkompliment — am Rande „Ring. Handſuß. Schärve."

Z. 2. Thorwächter — ſpäter Lynceus genannt.

Z. 5. Anrücken — am Rande Schickſal Menelas Seeräuber, darüber
Germanen, Corinth, Gothen, Argos — Franken, Elis — Sachſen Meſſene,
Normannen, Mantinea, Sparta Siz der K[önigin].

Z. 7. Auffällige Einführung moderner Kriegsweiſe.

Z. 8. Abweichend aber auch im Gedichte ſelbſt tritt eine Veränderung
der Dekoration ein.

Z. 9. Wer verdächt' es. Vergl. 9385.

Z. 10. Tanz — fehlt im Gedichte.

Z. 11. Nennſt du u. ſ. w. Vergl. 9629.

Skizze 9411 ff.

S. Wechſelrede Fauſt, Phorkyas, Helena. [28 Chor Lob
des Tapfern.] 28a Helena? 30a Phorkyas. Erzählung von
den Wunderbedingungen des Daſeyns. 33 Helena. Fauſt. Euphorion. Chor. Hauptſcene. 36a Chorführerin zum Aufbruch.

5   Polytheismus und Heroismus ganz edel Mytholog[isch] Anklang vom Wunderlichen Wunderbaren. Mährchenhaften. Folge.

Ritterthum. Galanterie natürlich-rührendes natürlich schabl[onenhaft] oder schalk[haft]. Ideale. Rettung. Fassung [?] in
10 der Mythologie. Pantheismus.

Vergl. W.=A. 15 b, S. 230 – ganz allgemein gehalten, indem nur die Prinzipien für die ganze Bearbeitung angedeutet werden.

— — —

Skizze 9446 – 9963.

Abzug der Fürsten. Beschreibung des Friedens. Fernes Donnern. Freudenschießen. Anschmiegen. Zelt statt des Throns.
Chor schläft ein. Phorkyas erweckend. Nachricht von der Entbindung. Chor: Nennst du ein Wunder das.
5   Helena. Faust. Euphorion. Kunststücke. Freudige Eitelkeit. Tod. Aufgehobener Zauber.

Vergl. W.=A. 15 b, S. 230 -- mit dem Vorigen dem Inhalte nach nahe verwandt — auch was das „Freudenschießen“ (Z. 2) anbetrifft.
Z. 5 vergl. 9629 ff.
Z. 7. Aufgehobener Zauber — siehe 9963 „der altthessalischen Vettel wüsten Geisteszwang.“

Skizze 9529—9549.

Hohes Gebirg. Gebirgsweiden unzugänglich. Schaafe und Ziegen nur Weiden. Ufer Plätze. Den Pferden gewidmet. Hügel und Thäler. Oelbäume. Castanien. Bienen. Honig.
5   Flöz [?] erhöhtes Land. Feldbau. Weizen. Gerste. Baumwolle. Weinberge. Feigen. Maulbeeren. Quitten. Garten.

Wälder. Eichen. Tannen. Ahorn. Cypressen. Lorbeer. Myrthe.
Mastix Strauch. Balsamkraut. Bienen Honig.

Vergl. W.-A. 15 b, S. 230.   Zur Schilderung von Arkadien.

Zu 8519—8525.

So wird die Schönheit köstlicher als alles Gold;
Geachtet von den Menschen, bringt sie doch

Denn sie erreget wüthender Begier Gewalt,
Das Alter und die Jugend regt sie . . . auf.

O daß die Götter Sterblichen zu heißer Quaal!   5

Vergl. W.-A. 15 b, S. 231.   Die vier ersten Verse wären vermutlich
dem Chor, der letzte Helena zuzuweisen.

—

Skizze zu 8622—8627.

Denn der Glückliche
Wandelt wie auf mächtigen
Fittigen hingetragen
Ueber das rauheste,
Wenn der Verletzte sich   5
Ueber die Ebene
Vergeblich hinckend,
Unerreichbar Ziel
In dem traurigen Aug,
Müdend verzehrt.   10

Vergl. W.-A. 15 b, S. 85.   Die Worte sind im Text wesentlich ver-
kürzt. V. 10 müdend reflexiv, indem „sich" (V. 5) auch zu „verzehrt" zu
nehmen ist; doch kommt „müden" auch intransitiv wie „ermüden" vor.

Fortgelassene Verse hinter 8755.

Stehe länger, länger!
Und grins' uns an.
Starre länger, länger!
Häßlicher wirst du nur
Ausgeburt du des Zufalls,
Du verworrener,
Du erschöpfter Krafft
Leidige hohle Brut.

5

Vergl. W.-A. 15b, S. 89 f. Die Verse gehörten zu dem Chorgesang 8697—8753, das seinerseits in den verschiedenen Handschriften zahlreiche hier nicht in Betracht kommende Varianten bietet. Zu V. 5 vergl. die Bemerkung über die Geburt des Drachen Python (S. 43), während hier allerdings Phorkyas gemeint ist.

* * *

Zu 8800 ff.

Im Innern herrschet sie über das erworbene,
Das erst durch Ordnung zur erwünschten Habe wächst;
Von dem vorhandnen theilet sie jedermann
Nach seinem Dienste aus und hält den Sch [?]

* * *

5

Doch die es einmal verscherzte, nie vermögte sie
Sichs wieder anzueignen, dem sie sonst beschied —
Ohnmächtig steht sie vor den eignen Mägden da,
Zerbrochen ist der goldne Scepter, den sie trug,
Dem jeder sonst sich beugte in des Königs Haus;
Zerrissen ist die Schlinge drin die holde Scham
Auf ihre Stimme denck . . .

10

Vergl. W.-A. 15b, S. 184 ff. — Die beiden Bruchstücke, die wir abweichend von W.-A. umgestellt haben, sind der Phorkyas zuzuweisen, die sich hier ernst und gemessen über das Recht der Hausfrau und die Grenzen desselben ausspricht.

4. Sch. — auf eine Ergänzung, die aus drei Silben bestehen müßte, ist es besser zu verzichten als eine beliebige Möglichkeit anzunehmen.

5. Es — das Recht zu drohen.

6. Bescheid — „Bescheid gab!" im vorliegenden Zusammenhange unverständlich, ebenso auch 10 — 11.

Zu 8842 ff.

I.

Du schön geborne, schöner noch gewachsene,
Ganz früh begehrter bald entführter Blütenzweig,
Umworben dann von Helden ungezählt,
[Dem Gatten bald vertraute, Männerwechselnde]
Dem Gatten durch des Vaters wählen anvertraut,   5
Du schädlicher als schädlich, allen doch begehrt,

H[elena].

Mir scheinen deine Worte nicht beruhigend
Du regest schlimmer Uebel als das Schelten auf.

Ph[orkyas].

Wer Schaden heilen möchte, muß erst schädigen;
Siehst du zurück, du siehst nur unbegreiflich[es]   10
Undenkbar, unvereinbar wechselnd, unanschaulich [?]
Erinnerst auch des einzelnen . . .
Umschauend lösen, immer . . . wechselnde.

II.

Du schön geboren, schöner noch erwachsen drauf,
So früh begehrter bald entführter Blütenzweig,
Umworben denn von Helden-Jugend ohne Zahl,
Dem Gatten durch des Vaters Wählen angetraut

5 Halb Wittwe dann, unsüchtig [?] männerwechslend oft,
Du schädlicher als schädlich, allen doch begehrt.

H[elena].

Mir scheinen deine Worte nicht beruhigend,
Du regest schlimmer Uebel als im Schelten auf.

Ph[orkyas].

Wer Schaden heilen möchte, schädige vorher
10 Und unerwartet fällt sodann der Heilung Loos.
Siehst du zurück, nur unbegreifliches tritt hervor
Undenkbar, unvereinbar [?], alles räthselhaft,
So Schmerz als Freude, Fliehen oder Wiederkehr.

Vergl. W.-A. 15 b, S. 231 f. — Die Verschiedenheit von I. und II.
beruht nur im Wortlaut.

Zu 8843—8881.

Ph[orkyas].

Wenn Wahres Traum ist, kann der Traum das Wahre seyn.
Du träumst hier.

H[elena].

Ich kehre wieder, ich erkenne mich al[l]zu wohl
An diese Pforte, diese Angeln mächtiglich,
5 An dieser Säulen riesenhaften festen Bau
Wie [Wo?] Tyndareus mein Vater
                              ich war ein Kind.

[Phorkyas.]

Und schon als Kind verwirrtest du der Männer Sinn.

[Helena.]

Nicht meine Schuld iſts, Cypris hat allein die Schuld.

Vergl. W.=A. 15 b, S. 233. Der Anſchluß iſt nicht ganz ſicher. Man könnte einiges auch mit dem erſten Monolog Helenas in Verbindung bringen.

1. Erinnerung an Calderon's „Das Leben ein Traum", zum erſtenmal am 30. März 1812 nach der Gries'ſchen Ueberſetzung (und Riemers Bearbeitung) in Weimar aufgeführt.

8. Im Sinne von Ilias 3, 399—409.

Fortgelaſſene Verſe hinter 8902.

Denn was wäre das Künſtige,
Löſte ſich nicht der Vergangenheit
Kreiſend in Schuld und Unglück
Rollende Jahresbewegung
Leiſe glücklich auf eben wieder   5
In den bewegten, unſchuldigen Tag.

Vergl. W.=A. 15 b, S. 97. — Die Verſe knüpfen an das Wort „Zukunft" (8901) an.

8985—8998.
Aeltere Faſſung.

Zog Menelas hinweg, du auch, und er ſodann
Zog weiter und das Haus und Erbe ſtand verwaist,
Wie ſich's Laomedon nicht hoffte [als er] dich mit ihm
Und ihn mit dir am Hochzeit Tag verband.

Helena.

Was ſoll das Alles — ungeduldig machſt du mich   5
Nicht guten Willen zeigen wohl die Reden an.

Phorkyas.

Du hörst sogleich was eigentlich die Rede sey.
Verlassen stand so viele Jahre das Gebirg
Das hinter Sparta nordwärts sich erhöht
Taygetos und alle Höhen
Und manches Thales Kreis und Raum sich umschließt.

Vergl. W.=A. 15b, S. 101 f. -- V. 3. Laomedon, der Vater des Priamos, ist hier mit Tyndareos verwechselt. V. 5 und 6 entsprechen 8992 und 8993.

Zu 9061—9062.

Die Schönheit ist ein einzig hohes Gut,
Getheilt nicht denckbar, man zerstört sie lieber selbst.

Zum zehnten Mal den Mann verändern ist nicht gut
Zum zweytenmal schon, däc$t ich, wäre schlimm genug.

Vergl. W.=A. 15b, S. 106.

9482 9505 in ältester Fassung.

Wer die Schönheit begehrt,
Vor allen Dingen
Seh er sich nach Waffen um.
Den[n] gewinnt er sie auch
Durch freundliches Schmeicheln,
Abschmeicheln wird man
Sie ihm nicht,
Räuber entreißen sie
Mit trotziger Gewalt.

Unsern Fürsten lob ich deshalb,   10
Schätz ihn vor andern hoch.
Wie gerüstet ist er,
Wie reich verbündet!
Tapfre verrichten
Seine Befehle   15
Sich selbst zum Vortheil,
Ihm zu herrlichstem Gewinn.

Denn wer entreißt die jetzt
Dem gewaltgen Besitzer!
Ihm gehört sie,   20
Ihm sey sie gegönnt
Auch von uns [die]
Die er [mit ihr] zugleich
Mit den sichersten Mauern
Mit dem tapfersten Heer umgab.   25

Vergl. W.-A. 15b, S. 115. Die beiden Hauptabweichungen vom spätern
Text bestehen darin, daß (V. 6) das Abschmeicheln für unmöglich angesehen
wird, aber 9488 steht: „Schmeichler listig entschmeicheln sie ihm ...“ Außerdem ist V. 22 das unmotivirte „Auch“ getilgt und (9503) durch „doppelt“
ersetzt; denn warum sollte der Chor der Helena ihren Geliebten nicht gönnen?

9534—9536.
Aeltere Fassung.

Schon heerdet sich das Schaaf und Rinder weiden
Am schroffen Rand vertheilt vorsichtgen Schritts,
Auch Wohnung ist bereitet.

Vergl. W.-A. 15b, S. 118. — V. 1 sich heerden   zu einer Heerde
versammeln — ist von Sanders nachgewiesen.

Ohne sichern Anschluß.

[Fauſt.]

Peloponnes den ganzen unterwerf ich dir.

[Helena.]

Was nennſt du mir ein völlig unbekanntes Land?

[Fauſt.]

Du wirſt es kennen, wenn es dein gehört.

[Helena.]

So ſage: liegt es fern von hier?

[Fauſt.]

5   Mit nichten, du geleitſt [gelangſt?] —

Vergl. W.=A. 15 b, S. 233. (Ein Anſchluß an eine beſtimmte Stelle
ſcheint nicht möglich, wenn auch die Abſicht öfters ausgeſprochen iſt, daß Helena
mit Fauſt den ganzen Peloponnes beherrſchen ſoll. Auffällig erſcheint, daß
Helena dieſen Namen nicht kennt. Soll damit vielleicht darauf hingewieſen
werden, daß er dem heroiſchen Zeitalter überhaupt noch fremd iſt? Das wäre
kaum anzunehmen.

Nach 9581.

Mephiſtopheles an das Parterre.

Den Liebespaaren zeigtet ihr euch ſtets geneigt
Euch ſelbſt ertappend gleichfalls in dem Labyrinth,
Doch werdet ihr dieſelben alsbald wieder ſehn
Durch eines Knaben Schönheit elterlich vereint.
5   Sie nennen ihn Euphorion, ſo hieß einmal
Sein Stief-Stiefbruder, fraget hier nicht weiter nach.
Genug ihr ſeht ihn, ob es gleich viel ſchlimmer iſt
Als auf der brittiſchen Bühne, wo ein kleines Kind
Sich nach und nach heraus zum Helden wächſt.

Hier ists noch toller; kaum ist er gezeugt, so ist er auch geboren. 10
Er springt und tanzt und ficht schon; tadeln viele das,
So denken andere, dies sey nicht so grad
Und gröblich zu verstehen, dahinter stecke was.
Man wittert wohl Mysterien, vielleicht wohl gar
Mystifikationen, indisches und auch   15
Aegyptisches, und wer das recht zusammenkneipt,
Zusammenbraut, etymologisch hin und her
Sich zu bewegen Lust hat, ist der rechte Mann.

Wir sagens auch und unseres tiefen Sinnes wird
Der neueren Symbolik treuer Schüler seyn.   20
Ich aber bin nichts nütze mehr an diesem Platz.
Gespenstisch spinnt der Dichtung Faden sich immer fort
Und reißt am Ende tragisch! alle seyd gegrüßt;
Wo ihr mich wieder findet, werd es euch zur Lust.

Vergl. W.-A. 15 b, S. 234 schon vorher abgedruckt in der Zeitschrift
„Die Gegenwart" 1878 Nr. 29.

V. 5 6. Euphorion hieß der Sohn von Achilles und Helena, der von
Faust und Helena ist also sein „Stiefbruder"; die Verdoppelung soll sicher die
zahlreichen Verbindungen Helenas bezeichnen.

V. 8. Brittische Bühne — im Volksschauspiel der Zeit vor Shakespeare.

V. 11. Ficht das Wort weist eher auf den älteren Plan (siehe
S. 94) hin, als daß hier etwa schon an Lord Byron zu denken wäre, der
im Gedichte selbst mit Euphorion identifizirt wird.

V. 14—18 ziemlich unklar; es kann indessen kein Zweifel sein, daß Goethes
Euphorion nur eine Allegorie für die Dichtkunst sein soll.

V. 21—24 sind in einer für W.-A. benutzten Handschrift durch folgende
drei Verse ersetzt:

Dergleichen viele hier gewiß zugegen sind.
Ich aber bin nichts nütze mehr an diesem Platz,
Wo ihr mich wieder findet, auch gewiß verjagt.

Zu 9603 – 9606.

Nackt wie Amor, nett und zierlich,
Etwas bläßlich, doch behende
Springt er bald zum Boden nieder
Hüpft von

5   Tritt er franck und frey den Boden
Tritt und springt mit solchen Sprüngen.

Vergl. W.=A. 15 b, S. 120. Phorkyas schildert dem Chor den eben
gebornen Euphorion. V. 2. Bläßlich statt bläßlich — fehlt in den Wörter=
büchern.

Skizze zu 9606—9674.

Das bethätigt er gleich,
Schwingt zum hellen Olymp sich auf,
Nieder zum tosenden Ocean
Ueber der Erde Breites hinweg,

5   Nicht verschont er des Vaters,
Nicht des Oheims
Würdige Herrscherkraft.

Vergl. W.=A. 15 b, S. 123. Während sonst der bereits 9629 beginnende
Chorgesang über die Geburt des Merkur keine für den Sinn wesentlichen Ab=
weichungen zeigt, ist die Fassung der letzten Strophe wesentlich verschieden:
sie ist hier allgemein gehalten, im Gedichte selbst werden Neptun, Ares, Phoebus,
Hephästos und Zeus wirklich genannt, und es wird einzeln erzählt, was er
ihnen angethan hat.

Euphorion!

Seht ihr die Quelle da?
Lustig sie sprudelt ja,
Wie ich noch keine sah,
Kostete gern.

Vergl. W.=A. 15 b, S. 196. Es liegt nahe, die Strophe mit der älteren Konzeption in Verbindung zu bringen, wo dem Sohne Fausts und Helenas, der noch nicht Euphorion genannt wird, verboten ist, über einen gewissen Bach zu gehen. (Siehe S. 94.)

Euphorion?

Auch die Gesunden
Will ich den Todten gleich,
Wüthender Streich
Gräslich zu nennen
Will ich verwunden.   5

Vergl. W.=A. 15 b, S. 221. Die Eintheilung ist bedenklich, und selbst wenn sie hier richtig sein sollte, so wird wieder zweifelhaft, ob die Worte dem eben erwähnten Sohne Fausts und Helenas nach der älteren Fassung oder dem eigentlichen Euphorion zuzuweisen sind; doch ist das erstere wahrscheinlicher.

———

Zu 10005   10057.

Alle.

So vertheilen wir uns Schwestern nicht zum scheiden, zum
Begegnen
Ewig auf und niedersteigend suchen dieses Landes Raum.

Vergl. W.=A. 15 b, S. 235. Obgleich schon das Versmaß auf den Schlußchor der „Helena" hinweist, so ist doch keine bestimmte Stelle für die beiden Verse zu finden, wenn es auch ihrem Sinne nach wahrscheinlich ist, daß sie in den oben bezeichneten Abschnitt kommen sollten.

——— —

Nach Abschluß des dritten Aktes.

So hab ich denn auf immerdar verlohren,
Was mir das Herz zum letztenmal erquickt.

Der leichte Hohe Geist riß mich aus dieser Enge,
Die Schönheit aus der Barbarey.

Ein irdischer Verlust ist zu bejammern,
5   Ein geistiger treibt zu Verzweiflung hin.

———

Jeder Trost ist niederträchtig
Und Verzweiflung nur ist Pflicht.

— —

Ich lernte diese Welt verachten,
Nun bin ich erst sie zu erobern werth.

10 Und wenn das Leben allen Reiz verlohren,
Ist der Besitz noch immer etwas werth.

Vergl. W.=A. 15ᵇ, S. 183 und 185. V. 1—9 sind für Faust in Anspruch zu nehmen, V. 10—11 für Mephistopheles. In den vier ersten Vers-
paren äußert Faust seine Empfindungen bei dem Abscheiden Helenas; das
fünfte bildet den Uebergang zu dem, was er weiter zu thun gedenkt und wozu
ihn im sechsten Mephistopheles noch überdies anreizt — zum Erwerb von Besitz.

Vierter Akt.

Aelterer Entwurf.

Mephistopheles, der bisher unter der Gestalt einer alten Schaffnerin von altem (siehe S. 95) Zeuge gewesen, sucht seinen Freund zu trösten und ihm Lust zum Besitz einzuflößen. Der Schloßherr ist in Palestina umgekommen, Mönche wollen sich der Güter bemächtigen, ihre Seegensprüche heben den Zauberkreis 5 auf. Mephistopheles räth zur physischen Gewalt und stellt Fausten drei Helfershelfer, mit Namen: Raufebold, Habebald, Haltefest. Faust glaubt sich nun genug ausgestattet und entläßt den Mephistopheles und Castellan, führt Krieg mit den Mönchen, rächt den Tod seines Sohnes und gewinnt große Güter. 10

Vergl. W.-A. 15b, S. 176. Nur das Auftreten der „drei Gewaltigen", wie sie später heißen, erinnert an das wirklich ausgeführte Gedicht; alles übrige ist demselben fremd. Auch die Lust am Besitz, wenigstens insofern er Macht gewährt, hat Faust dort von selbst, ohne daß er von Mephistopheles dazu angeregt zu werden braucht. Auffällig ist auch die Entlassung des letzteren.

Skizze 10059 — c. 10570.

Paralogus. Im Proscenium. Faust Wolke. Helena. Gretchen. Mephistopheles. Confusion im Reich. Thöriger Kahser. Schilderung fortgesetzt jener Hof Scenen. Weiser Fürst der [?] sie [sic!] auf dem Thron sehn wolle. Meph. befit ihn zu bethören [?]. Faust soll sich rüsten. Die Bergvölker aufrufen. 5

Drey Burſche. Weiſer Fürſt. Deputation. Ablehnung. Rath des
Mephiſt. zu Wahl [?]. Der weiſe Fürſt. Deputation der Stände.
Meph. als Sprecher Ablehnung der Kayſerwürde. An=
deutung des rechten.

10   Mephiſtopheles im rauhen Gebirge mit ſiebenmeilen Stiefeln
der Wolke nachſchreitend. Sie ſinkt nieder. Dolmetſch zum
zweyten mal deshalb ſprechend. Die Wolke ſteigt als Helena,
doch verhüllt in die Höhe. Abſchied von dieſer Viſion. [Die
Wolke ſteigt halb als Helena nach Süd Oſten, halb als Gretchen
15 nach Nordweſten]. Erwachen.

Mephiſtopheles und Fauſt. Umwendung zum Beſitz. Auf=
regung der Berggötter. Mephiſtofeles als Werber. Die drey
Hauptfiguren treten auf. Chorgeſang zur That aufregend. Wäre
mit dem Kriegerſchritt von Pandora und Helena zu rivaliſiren.

20   Die Masken ſind von Stahl und Eiſen
Ihr Thyrſus [?] blinkt als ſchärfſte[?] Schwerdt.

Vergl. W.=A. 15 b, S. 237 f. Dieſer Entwurf, weſentlich älter als der
in der nächſten Nummer folgende, enthält noch vieles, was dort angegeben iſt
und demnach auch in der wirklichen Bearbeitung fehlt. Dabei iſt vieles unklar,
namentlich wie das Verhalten des Kaiſers und ſeiner Genoſſen Fauſt und
Mephiſtopheles zu der Gegenpartei zu denken iſt. Es ſcheint, daß dieſe anfangs
einen weiſen Fürſten zu wählen beabſichtigt und Mephiſtopheles dies durch
ſein Verfahren hintertreibt, weil er glaubt, daß ein ſolcher dem wirklichen
Kaiſer gefährlich werden könne. Daß die Wahl dann auf einen andern fällt,
wird allerdings nicht geſagt, wenn es nicht in den Worten „Andeutung des
rechten" (Z. 9) liegt, der dann eine unbedeutende Perſon wäre, mit der die
Gegner bald fertig werden könnten. Dies iſt der mögliche Inhalt von Z. 1—9,
ſoweit darin Neues enthalten iſt; das Folgende giebt dann die Hauptmotive
für die erſten Partien des vierten Akts bis zum eigentlichen Beginne des
Kampfes, aber auch dies mit manchen Abweichungen.

1. Paralogus — als möglicher Beſtandteil eines Dramas iſt dem Alter=
tum unbekannt; Goethe hat in Erinnerung an „Prolog", „Epilog" und die
„Parabaſe" der griechiſchen Komödie dem Worte die Bedeutung einer Rede, eines
Logos inmitten der dramatiſchen Handlung geben wollen, den dann Mephiſto=
pheles im Proſcenium geſprochen hätte. Das griechiſche Wort würde auch die
Annahme geſtatten, daß etwas Unerwartetes geſprochen werden ſollte; indeſſen
liegt kein anderer Grund vor, dies vorauszuſetzen.

1—2. Helena. (Gretchen. Vergl. 14—15. In der Ausführung der Erscheinungen in der Wolke 10041—10066 ist Gretchen nicht genannt, sondern dafür tritt „Aurorens Liebe" ein. Damit ist mehr ein Symbol der Jugendliebe überhaupt als die Beziehung auf eine bestimmte Persönlichkeit gegeben; der Dichter denkt an sich selbst und vergißt, daß er Faust sprechen läßt.

3. Schilderung Hoffcenen. Vergl. 4728—5064.

4. Der—wolke unverständlich — vermutlich den— wollen.

5. 16. 17. Die Bergvölker. Vergl. 10320. Sie in den Kampf zu ziehen, lehnt Mephistopheles ab, hat aber dafür die „Drey Bursche" kommen lassen.

16. Umwendung zum Besitz — deutet auf die Pläne hin, die Faust überhaupt mit seiner Beteiligung am Kampfe verbindet (10187 „Herrschaft gewinn' ich, Eigenthum").

19. 20. Das Lied der Krieger in Pandora (W. 10, 337 f.) „Der Ruf des Herrn, des Vaters tönt", das später noch zu dem Festspiel „Des Epimenides Erwachen" benutzt wurde. Für „Helena" muß Goethe etwas Aehnliches be= absichtigt haben, das indessen nicht zur Ausführung gekommen ist.

21. 22. Die Beziehung der beiden Verse, von denen der letzte noch dem Texte nach unsicher ist, läßt sich kaum angeben. Der erste weist vielleicht auf die alten Rüstungen in den Zeughäusern hin, die Mephistopheles ausgeräumt (10555 ff.) und ihnen durch „Teufelchen" Leben gegeben hat, dagegen der Thyrsus im zweiten auf das Bacchanal, wie es 10011—10037 geschildert wird.

Spätere Skizze.

Faust aus der Wolke im Hochgebirg. Siebenmeilen Stiefeln. Mephisto steigt aus. Sagt Faust habe nun die Reiche der Welt und ihre Herrlichkeit gesehen. Ob er sich etwas ausgesucht habe. Faust läßt den Schein der Welt am Sonnentage gelten. Jener schildert die Zustände der besitzenden Menschen. Faust hat immer etwas Widerwärtiges. Mephisto schildert ein Sardanapalisches Leben. Faust entgegnet durch Schilderung der Revolte. Be= neidenswerth sind ihm die Anwohner des Meeres=Ufers, das sie der Fluth abgewinnen wollen. Zu diesen will er sich gesellen. Erst bilden und schaffen. Vorzüge der menschlichen Gesellschaft in ihren Anfängen. Mephist. läßts gelten. Zeigt die Gelegenheit dazu. Trommeln und kriegerische Musik im Rücken der Zu= schauer fern von der rechten Seite her. Mephist. macht das

Bedrängniß des Kaisers anschaulich. Die Verwirrung des
15 Reichs ꝛc. ꝛc. Fauſt aus alter Neigung wünſcht dem Menarchen
zu helfen. Vorſchlag die Bergvölker aufzuregen. Mephiſt. macht
ſie lächerlich. Offerirt höhren Beiſtand. Und präſentirt die
drei Rüſtigen. Des Kaiſers Zelt wird aufgeſchlagen. Gefährliche
Lage. Der Kaiſer tritt auf mit ſeinen Getreuen. Trommeln
20 im Rücken der Zuſchauer von der linken Seite. Nachricht, daß
der gehoffte Zuttkurs ſich zum Feinde geſchlagen habe. Alles in
Beängſtigung. Gegen Kayſer Ausforderung. Fauſt tritt auf
geharniſcht. Erklärung und Warnung. Die Stellung der
Kaiſerlichen Armee wird gebilligt. Mephiſt. tritt auf mit den
25 drey Tüchtigen. Halteſeſt zur Linken, Habebald zur Mitte
geſellt, Eilebeute die Marketenderin iſt bereit. Die Eigenſchaften
eines jeden werden geprießen. Trompeten und Freudengeſchrei
im feindlichen Lager. Der Gegenkaiſer ſey erwählt und an=
gekommen. Der rechte Kaiſer fordert ihn zum Zweikampfe.
30 Fauſt zeigt das Nutzloſe. Die verneinende Antwort kommt.
Das Gebirg erglänzt von Helmen, Panzern, Spießen, Schwerd=
tern und Fahnen. Trompeten von jener Seite verklingen im
Winde.

    Fürchterliche Poſaunenzinten. Töne von dieſſeits. Das
35 Gefecht bricht los. Die drey Burſche thun Wunder. Völlige
Niederlage der Feinde. Scherzhafte Fälle bey dieſer Gelegenheit.
Fauſt und Mephiſtopheles vom Kaiſer als frühere Diener an=
erkannt. Die treuen Fürſten werden in ihre Beſitzthümer ein=
geſetzt. Haben auch ſchon Anſprüche auf die konfiscirten. Fauſt
40 bringt ſeine Anſprüche vor an die unfruchtbaren Meeresufer.
Man iſt zufrieden ihn ſo leicht abzufinden. Er wird damit
beliehen und geht um davon Beſitz zu nehmen.

    d. 16. May 1831.   G.

(Zu dieſem Schriftſtück gehören noch die ſcenariſchen Bemerkungen: Plateau
auf dem Vorgebirge man überſieht das Thal [und darin das Heer]. Trommeln
kriegeriſche Muſik. Das Heer in Schlachtordnung. Des Kayſers Zelt wird
aufgeſchlagen. Kayſer. Obergeneral. Leibwache. C. G.)

Vergl. W.-A. 15 b, S. 236 f. Das Schema, welches den ganzen Inhalt des vierten Altes umfaßt, zeigt nur noch wenige Abweichungen von der ausgeführten Dichtung, die im folgenden vermerkt sind.

2—3. Die Reiche . . . gleichn. Vergl. 10130 f. und Ev. Matth. 4, 8.

5—6. Etwas Widerwärtiges = etwas, das ihm bei den gemachten Vorschlägen widerwärtig ist.

7. Schilderung der Revolte besteht im Gedicht nur in den Worten „man erzieht sich nur Rebellen". (10159.)

10—11. Vorzüge . . . Anfängen ist nicht zur Ausführung gekommen.

12. dazu unbestimmt, vermutlich auf die Vorteile bezüglich, die Faust nach der gegenwärtigen Lage der Dinge für die Ausführung seiner Pläne gewinnen könne.

16. 17. Meph. . . lächerlich fehlt in der Ausführung.

22. Beängstigung. Daneben in der Handschrift am Rande: Gegen Kaysers Aufforderung.

25. Unter den drei Tüchtigen ist Raufebold nicht erwähnt.

36. Scherzhafte Fälle. 10725 ff. 10783. Die Täuschungen, die durch die Undinen herbeigeführt werden, und die Scene im Zelt des Gegenkaisers.

39—42. Faust nehmen ist nicht ausgeführt: die Belehnungsscene siehe S. 131 f.

Skizze 10059—c. 10570.

Vierter Akt. Starres Gebirg. Faust sich niedersenkend. Wolke nach zwey Seiten. Monolog. Mephistopheles Freude über die Verwirrung des Reichs auffordernd zu Kriegsthaten. Ruhm und Mittel gemein. Die drey Bursche. Werbung, Trommeln.

5

Vergl. W.-A. 15 b, S. 238. Alles stimmt mit dem Gedichte überein, nur die nach zwey Seiten verschwindende Wolke gehört noch der älteren Fassung an.

Schema 10345—10425.

Plateau auf dem Vorgebirge. Man übersieht das Thal. Trommeln. Kriegerische Musick von unten auf. Das Heer in Schlachtordnung. Des Kaisers Zelt wird aufgeschlagen.

Kaiser. Obergeneral. Leibwache. Hier übersiehst
5 du   Das Heer bedächtig aufgestellt. Der Boden ungleich
abhängig. Zum Angriff schwer den Feinden. Zum Vertheidigen
auch wohl zum Angriff stark diesseits.

Und ganz natürlich finden wir bewährt,
Wie es die Kriegskunst nur begehrt. [10352]

10   Die Reiterei ist ihnen unnütz. Unser Fußvolk tüchtig.
Unser rechter Flügel die Muthigsten, Streitbegierigsten. Der
Phalanx in der Mitte. Kräftig und unerschütterlich. Die linke
Flanke eigens fest. Auf Felsenhorsten unersteiglich. Nicht zu
umgehen nicht zu vermeiden. Geschoß und Steinwurf zu Be=
15 schädigung des Feindes. So hast du es, so haben es die
Deinigen angeordnet. Dem Glück ist wenig überlassen.

Das Größte, was man ausgedacht,
Durch anderer Kraft vollführt zu sehen.

Des Kaisers Unmuth gegen die Menge. Hoffnung auf die
20 Getreuen festgehalten. Ein Spion wird eingeführt. Nachricht
vom Abfall der Besseren. Gegenkaiser. Kaiser. Erhöhter
Sinn. Nur wenn ich falle steht er fest. Ausforderung.

Die Herolde gehen ab. Faust, Mephisto und die drei
Gewaltigen.

Vergl. W.-A. 15 b, S. 238 f. Vollständig mit dem Gedichte überein=
stimmend, nur der Steinwurf (Z. 14) ist nicht zur Ausführung gekommen und
der Spion aufgegeben (Z. 20). Der erhöhte Sinn (Z. 21 f.) des Kaisers ist
10463 bis 10472 zum Ausdruck gekommen.

Skizze 10545—c. 10545.

Kaiser. Obergeneral. Obg. legt die Stellung des
Heeres aus. Vortheile. Hoffnungen. Erster Kundschafter.
Hie und da Abfall. Im Ganzen Lässigkeit. Kaiser. Wenig
Trost. Zweyter Kundschafter. Gegen Kaiser. Aufregung.
5 Ausforderung. Herolde ab.

Kaysers vorerst ablehnende Antwort an Faust. Schlacht.
Motive der beiden Flügel. Und der Mitte.

Vergl. W.-A. 15 b, S. 239. Zu Z. 6 siehe besonders 10463—10466.

Skizze 10489—11042.

Vorstellung derselben. Zweikampf. Faustische Rede dagegen. Haupt, das von den Gliedern vertheidigt wird.

Die Ausforderung ward verworfen. Eilige Schlacht. Ver-
theilung der drey Gewaltigen. Posaunenten. Erschütterung
des feindlichen Heeres. Blanke Rüstungen, Waffen, Speere, 5
Fahnen und dergleichen. Lassen sich zwischen den Felsen sehen.
Posaunen wiederholt. Posaunen Schall von oben. Die Schlacht
geht fort. Wird von den Zuschauern im Einzelnen beschrieben.
Der Feind flieht. Zelt des Gegenkaisers. Habebald Eilebeute.
Die Getreuen versammeln sich um den Kaiser. Belohnungen. 10
Beleihungen. Zuletzt mit dem Meeresstrande.

Vergl. W.-A. 15 b, S. 239. Die Beleihung mit dem Meeresstrande ist
im Gedicht nicht ausgeführt, wird aber im fünften Akt als geschehen vorausgesetzt.

Zu 10095—10096 und 10116—10124.

Aeltere Fassung.

Mir ist es lieb, daß das Gebirge stumm ist,
Und mach dir nicht vergebne Pein!
So lang das Volk so übermässig dumm ist,
Der Teufel braucht nicht klug zu seyn.

Vergl. W.-A. 15 b, S. 134. Zu V. 2 erklärt Faust, dem die Worte
ohne Zweifel zuzuweisen sind, daß er von Mephistopheles' geologischen Er-
klärungen nichts halte; die Dummheit des Volkes bezieht sich auf den Aber-
glauben in Bezeichnungen wie „Teufelsstein", „Teufelsbrücke".

[Mephistopheles.]

Er hat die Händel angefangen,
Laß mich davon den Vortheil ziehn.

Vergl. W.=A. 15 b, S. 244.   Ist „Er" der Gegenkaiser oder vielleicht
der Kaiser selbst!

Zu 10198—10252.

Doppelt schreckliches der Brandung —
Flaches Ufer, Todt und Landung
[In der Welle fern von Klippen?]
Alte Wrack [?] entblößte Rippen —
5   Wie [Wer?] uns auch das Arge schreckt [schickt?]
Manches Wachsthum, mancher Rasen

Vergl. W.=A. 15 b, S. 241.

Zu 10198—10252.

[Faust.]

Von ferne schwillt der Kamm. Es klafft
Mit tausend Rachen, schon hinweg gerafft
Von mächtigem[n] Drängen, sachtem[n] Schieben,
Dann wie wann Sturm unsinnig angetrieben
5   Rollt's, bäumt sich, wogt —
Mit diesem Ungeheuer möcht ich kämpfen,
Mit Menschengeist die Elemente dämpfen.

Vergl. W.=A. 15 b, S. 240 f. und 10198—10232.

Zu 10222—10231.

Faust.

[Unsichtbar kams, unsichtbar weichts zurück?]
Und daß es ja unsichtbar bleib

Ein Hügelchen [?] ein Erd Streif hält es auf;
Ich glaub man hemmte seinen Lauf
Mit einer Reihe Maulwurfshaufen.   5

Vergl. W.=A. 15 b, S. 241 und 10222 10231.

Zu 10222—10231.

Faust. Halterei.

Sie (die Welle) flieht, da liegt ein weites Land vor mir;
Sie kehrt zurück und insultirt mich hier.

H. F.

Mit jedem Tag wird man gescheidter!
Du bist nun hundert Jahr, ich bin schon etwas weiter;
Wir haben Lust und guten Blick.   5
Gedacht, gethan, das Meer, es muß zurück.
Die längsten Graben sollen niedergehn
Die höchsten Dämme stolz entgegen stehn.
Wir halten fest recht weit in's Meer hinaus.
Wie braust Neptun! Tyrannen lacht man aus.   10

Vergl. W.=A. 15 b, S. 241 und 10222 10231. Es ist zu beachten,
daß Faust sich hier von „Halterei" und nicht von Mephistopheles Rat erteilen
läßt, während er sonst mit keinem der drei Gewaltigen in persönlichen Verkehr
tritt. Auch ist (Z. 4) die einzige Stelle, in der das für Faust etwa anzunehmende
Alter angegeben wird.

Vereinzelter Vers.

Der Herr ist jung, man merkt's ihm an.

Vergl. W.-A. 15 b, S. 242.

[Mephistopheles.]

Willst du zu deinem Zweck gelangen,
Mußt dir nicht selbst im Wege stehn.
Die Griechen wußten wir zu fangen,
Wir machten uns auf eine Weile schön.

Vergl. W.-A. 15 b, S. 245. Die Verse könnten sich vielleicht an 10299 anschließen, gehören aber jedenfalls an eine Stelle, wo die Hilfe beraten wird, die Mephistopheles und Faust dem Kaiser bringen wollen.

Zu 10455—10462.

Aeltere Fassung.

Seyd uns gegrüßt! denn zu der besten Zeit
Kommt jeder neu Verbündete zu Ehren;
Wie anders muß bey zweifelhaftem Streit
Ein neuer Tapfrer uns behaglich mehren.

Vergl. W.-A. 15 b, S. 138. Worte des Kaisers beim Empfang von Faust und Mephistopheles.

Herausforderung des Gegenkaisers.

Kaiser nach einigem Nachdenken.

Die Menge steht dem Kaiser mir entgegen,
Will sie von ihm sich trennen, ist's Verrath;
Rebellion, stets blieb sie unter ihm,
Hub er sie nicht durch Neigung zu sich auf,

Drückt' an die Brust sie liebend väterlich.   5
Nun flucht er ihr als einem ungerathnen,
Verwilderten Geschlecht. — Tritt aber tüchtig
Ein Mann hervor und spricht: „ich bin der Kaiser,"
Das klingt schon anders, klingt persönlich groß.
Ein Gegenkaiser, gut! er stelle sich!   10
So sei's denn Kaiser gegen Kaiser frisch gewagt.

Vergl. W.-A. 15a, S. 341 und 15b, S. 242. Zuerst veröffentlicht Berlin 1869 in „Zwei Inedita von Goethe" von G. v. Loeper. — Für den Inhalt siehe 10467-10472. Die Abweichungen von diesem Drucke sind nur orthographisch.

[Kaiser.]

Bin ich denn nicht der Kaiser mehr?

Der Gegen Kaiser rückt heran —
O Herr, das ist geschwind gethan.

Vergl. W.-A. 15b, S. 240 — Ob man, wie dort angenommen wird, V. 2 und 3 dem Herold zuzuweisen habe, ist etwas zweifelhaft.

Zu 10525—10526 und 10545.
Aeltere Fassung.

Wir fahren zu wie Flammen Gluth,
Die Habsucht giebt den wahren Muth.

Der Ruhm ist Narrheit, Weisheit ist Besitz.

Vergl. W.-A. 15b, S. 140. „Habebald" spricht wenigstens V. 1 und 2 zugleich im Namen seiner Gefährten.

———   —

Fortgelassene Verse hinter 10546.

Sie habens wohl und richtig ausgedacht,
Doch schwächte dieß des Heers gesammte Macht,
Und prallen hier mit Noth und Mißgeschick
Vom starren Fels zum starren Volk zurück.

Vergl. W.=A. 15 b, S. 140. Mephistopheles spricht über die Aufstellung
des kaiserlichen Heeres.

Zu 10612—10619.

Aeltere Fassung.

Zufällig ritt ich dort vorbey,
Macht ihn vom grausen Pfahle frey —
Nun soll ich nach so manchen Jahren
Die Wirkung seines Geists erfahren.

Vergl. W.=A. 15 b, S. 141. Der Hauptunterschied liegt in V. 4, wo
statt „seines Geists" „frohen Thuns" steht — Worte, die sich nur auf den Kaiser
selbst, nicht auf den Nekromanten von Norcia beziehen können.

Zu 10780—10781 und 10764—10767.

Aeltere Fassung.

Erschreckend, widerwärtig, panisch,
Mitunter grell und scharf satanisch,
Da droben klapperts und rascheln schon.
Die alten Waffen aus der Säle Grüften
5 Empfinden sich in freyen Lüften
Und geben wunderbaren Ton.

Vergl. W.=A. 15, S. 143. V. 1 und 2 sind unmittelbar an 10763 des
Textes angeschlossen zu denken. V. 5 hat daselbst noch den Zusatz „erstarkt"
wodurch die ganze Vorstellung eine nicht unwesentliche Veränderung erfährt.

Vereinzelt.

Das dauert mir zu lange —
Ich nehme lieber als empfange.

Vergl. W.-A. 15 b, S. 240, wo die Verse für Mephistopheles oder
Habebald in Anspruch genommen werden. Für den letzteren sprächen 10829 f.

Skizze 10951—10976.

Erzbischoff (tritt ein). Der Kaiser meldet ihm, wie er
Haus und Hof bestellt. Präsentirt ihm die vier Erzfürsten.
Der allgemein gültigen Form wegen erklärt er ihn zum Erz-
kanzler.

Sowohl das Innere als das Aeußere durch die nöthigen 5
Formen zu bekräftigen. Hohe Bedeutung der Fünfe. Sollen
mächtige Fürsten seyn. Ihre Länder werden [J]hnen verliehen.
Vermehrung hinzugethan. Weitere Erwerbungen erlaubt. Große
Gerechtsame innerhalb dieser Länder. Bestellung zu Churfürsten.

Wahl und Krönung durch sie entschieden. Glückwunsch und 10
Dank. Der Erzbischoff wünscht als Beichtiger den Kaiser allein
zu sprechen.

Vergl. W.-A. 15 b, S. 240.

[Fausts Ritterschlag.]

Der Kanzler (liest):

Sodann ist auch vor unserm Thron erschienen
Faustus, mit Recht der Glückliche genannt,
Denn ihm gelingt, wozu er sich ermannt,
Schon längst bestrebsam uns zu dienen,
Schon längst als klug und tüchtig uns bekannt.

5   Auch heut am Tage glückt's ihm hohe Kräfte,
       Wie sie der Berg verschließt, hervorzurufen,
       Erleichternd uns die blutigen Geschäfte.
       Er trete näher den geweihten Stufen,
       Den Ehrenschlag empfang' er.

                    (Faust kniet.)

                 Kaiser.

              Nimm ihn hin!
       Duld' ihn von keinem andern.

   Vergl. W.-A. 15a, S. 342 und 15b, S. 242, desgl. „Zwei Inedita von
Goethe" (siehe S. 129). Die frühere Ueberschrift „Belehnung Faust's" ist in
die obenstehende verändert.

Fünfter Akt.

Aelterer Entwurf.

Indessen (siehe S. 119) altert er (Faust), und wie es weiter
ergangen, wird sich zeigen, wenn wir künftig die Fragmente oder
vielmehr die zerstreut gearbeiteten Stellen dieses zweiten Theils
zusammen räumen und dadurch einiges retten, was den Lesern
interessant sein wird.   5

Vergl. W.-A. 15 b, S. 177. Die obigen Zeilen sind viel früher geschrieben,
als Goethe über den Inhalt des fünften Aktes und den Abschluß, den er dem
ganzen Gedichte geben wollte, mit sich eins war. Daß er früher an ein Gericht
über Faust gedacht hatte, ist aus der Geschichte der Dichtung allgemein bekannt
und geht überdies noch aus einigen der nachfolgenden Skizzen hervor.

———

Skizzen 11584 bis zum Schluß.

Vier graue Weiber. Faust und Sorge. Mephistopheles
und Lemuren. Faust Zufriedenheit. Vorbey. Leiche. Lemuren
begrabend. Entfernt. Satane und Höllenrachen. Verweisung
erwartend. Weil die Seele später als sonst entflieht. Satanische
Posituren sie zu erhaschen. Engel Himmelsglorie. Schweben   5
heran. Mephist[opheles] Widersetzen. Engel streuen Rosen. Die
verwelken auf den Haupt der Satane. Verwandelt in Liebes-
flammen. Satane fliehen. Mephistopheles Liebespein. Engel
entschweben. Mephistopheles zur Appellation.

Vergl. W.-A. 15b, S. 213. Die einzelnen Worte und Sätze des noch ziemlich allgemein gehaltenen Entwurfes lassen sich ihrem Inhalte nach in 11384—11443 nachweisen. Das Erwarten der Verwesung und die nachfolgenden Worte liegen in 11621—11635. Anzunehmen ist schon hier, wenn es auch nicht ausdrücklich ausgesprochen wird, daß Fausts Seele als gerettet gilt. Die Appellation des Mephistopheles mußte also darauf gerichtet sein, sie aus dem Himmel zurückzuerhalten. Das erschien als ein unmögliches Motiv und wurde deshalb aufgegeben.

Faust und Sorge.

[Faust.]

Muß befehlen.

S[orge]?

Das hilft dir nichts, du wirst uns doch nicht los,
Grad im Befehlen wird die Sorge groß.

Vergl. W.-A. 15b, S. 245   allenfalls als eine Antwort der Sorge
auf die Worte Fausts 11446 ff. anzusehen.

Faust als Blinder.

M[ephistopheles].

Und Mitternacht bezeichnet dieser Schlag.

F[aust].

Was fabelst du? es ist ja hoch Mittag.
Wie herrlich muß die Sonne scheinen!
Sie thut so wohl den alten Beinen.
5   Komm mit.

M.

Du willst.

F.

ich fordr es selbst von dir.

Vergl. W.-A. 15 b, S. 186.   zwischen 11499 und 11555 zu denken.

..

[Mephistopheles.]

Mir grillts im Kopf; kan ichs erreichen,
Der listigste von meinen Streichen.

Vergl. W.-A. 15 b, S. 246 - ohne sichere Beziehung zum Texte.

Zu 11559-11564.

Aeltere Fassung.

Dem Graben, der durch Sümpfe schleicht
Und endlich doch das Meer erreicht,
Gewinn ich Plaz für viele Millionen;
Da will ich unter ihnen wohnen
Auf wahrhaft eignem Grund und Boden stehn.   5

Vergl. W.-A. 15 b, S. 157. Der hier gegebene Text weicht wesentlich
von den Worten Fausts im Gedichte ab.

Mephistopheles vor Fausts Tod.

Wir sind noch keineswegs geschieden:
Der Narr wird noch zuletzt zufrieden,
Da läuft er willig mir ins Garn.

Vergl. W.-A. 15 b, S. 245. Faust hat in seinem Vertrage die Hingabe seiner Seele von seiner Zufriedenheit abhängig gemacht, davon daß er zum Augenblicke sagen würde: „Verweile doch, du bist zu schön." Eine solche Zufriedenheit spricht er in seiner letzten Rede 11573—11586 in Gegenwart des Mephistopheles aus.

[Mephistopheles.]

Gethan geschehen sogleich,
Verdumpft, verschrumpft und wie die Leiche bleich.

Vergl. W.-A. 15 b, S. 245.

Zu Faust Tod.

Das Leben, wie es eilig flieht,
Nehmt ihr genau und stets genauer,
Und wenn man es beim Licht besieht,
G'nügt euch am Ende schon die Dauer.

Vergl. W.-A. 15 b, S. 187 und die älteren Ausgaben. Faust ist, auch erblindet, immerfort in rastloser Thätigkeit; an jedem Tage will er über die Förderung seines Werkes Nachricht haben (11555). Das könnte die obigen Worte des Mephistopheles veranlaßt haben.

Skizze 11604 bis zum Schluß.

Leiche. Lemuren legen ihn ins Grab. Ziehen sich zurück. Satane. Verweisung. Seele entflieht. Später [?] Satane in Angst zu erhaschen. Gesang fern. Mephistopheles. Aergerlich. Engel nach Wort Streit. Die Engel streun Rosen. Die
5 Satane hauchen. Sie welken [?]. Die Rosen in Flammen verwandelt flammen auf. Gegen die Satane. Diese entfliehen. Mephistopheles] hält aus. Liebespein. Engel schaaren. Satane

drohn. Meph[iftopheles] ab zur Appellation. Da capo. Himmel.
Chriftus Mutter. Evangeliften und alle Heiligen. Gericht
über Fauft.   5

Vergl. W.-A. 15 b, S. 243. Mit dem Vorigen faft übereinftimmend,
aber erft mit dem Tode Faufts und der Grablegung beginnend, alfo 11604
bis 11843 umfaffend. Der Gedanke der Appellation und des Gerichts über
Fauft ift etwas weiter ausgeführt; doch läßt fich in den betreffenden Worten
für „Da capo" keine recht in den Zufammenhang paffende Erklärung geben.

Nach Faufts Tod.

So ruhe denn an deiner Stätte!
Sie weihen das Paradebette
Und, eh das Seelchen fich entraff[t],
Sich einen neuen Körper fchafft,
Verkünd' ich eben die gewonnene Wette.   5
Nun freu' ich mich aufs große Feft,
Wie fich der Herr vernehmen läßt.

Vergl. W.-A. 15 b, S. 187 und die älteren Ausgaben   desgl. Prolog
im Himmel. 332 ff. Mit dem großen Fefte ift nur das Gericht über Fauft
gemeint, fo daß unter dem Herrn „Gott" und nicht Chriftus zu verftehen ift.

—

Zum Gericht über Fauft.

1.

Das zierlich höfifche Gefchlecht
ift uns nur zum Verdruß geboren
Und hat ein armer Teufel einmal Recht,
So kommt's gewiß dem König nicht zu Ohren.

Vergl. W.=A. 15 b, S. 188 und die älteren Ausgaben. Man hat die lange bekannten Verse früher gewöhnlich den Scenen am kaiserlichen Hofe zu=weisen wollen, aber wir halten es mit W.=A. für wahrscheinlicher, daß sie im Sinne unserer Ueberschrift aufzufassen sind.

Zum Gericht über Faust.

2.

Siehst du er kommt den Berg hinauf,
Von Weitem steht des Volkes Hauf.
Es segnen staunend sich die Frommen;
Gewiß er wird als Sieger kommen.

Vergl. W.=A. 14, S. 305, wo bereits die beiden Möglichkeiten der Ein=reihung dieser Strophe in die Satansscenen und in den fünften Akt des zweiten Teils angegeben werden. Mit den ersten ist sie indessen kaum in eine Ver=bindung zu bringen, die auch nur einigermaßen annehmbar schiene; im andern Falle wäre es wenigstens denkbar, wenn auch dem Wortlaute nach manche Zweifel übrig bleiben, daß Christus als Reichsverweser zum Gericht über Faust erwartet und auf sein Kommen von Jemand aus der Versammlung hingewiesen wird.

[Mephistopheles.]

3.

Es war genau in unserm Pakt bestimmt,
Ich will doch sehn, wer mir den nimmt.

Vergl. W.=A. 15 b, S. 246. Ob die Verse zwischen 11735 und 11782 zu denken sind, muß dahingestellt bleiben; jedenfalls drücken sie noch die Hoff=nung aus, daß Mephistopheles die Seele Faustes erhalten wird.

Zum Gericht über Fauſt.

4.

Nein! diesmal gilt kein Weilen und kein Bleiben:
Der Reichsverweſer herrſcht vom Thron;
Ihn und die Seinen kenn' ich ſchon,
Sie wiſſen mich, wie ich die Ratten, zu vertreiben.

Vergl. W.-A. 15 b, S. 187 und die älteren Ausgaben. Die dem Mephiſto=
pheles zuzuweiſenden Worte könnte man an den eigentlichen Anfang des Gerichtes
über Fauſt, nämlich die Gerichtsverhandlung, verlegt denken, in der Weiſe, daß
jener, wenn Chriſtus richtet, die Hoffnung aufgiebt, mit ſeiner Appellation Erfolg
zu haben, und ſich anſchickt, den Schauplatz zu verlaſſen.

Kampf der Engel und Teufel.

1.

Nun hat ſie das beſonderſte Gelüſt
Erſt die Verweſung abzuwarten
Und promenirt ſich durch verſtockten Miſt,
Als wär es hold und glatt ein Roſengarten.
Sonſt war ſie gern aus dieſem Kerker los   5
Und ſehnte ſich nach andern Tagen,
Jetzt läßt ſie ſich vom Element verjagen.

Vergl. W.-A. 15 b, S. 158 - ſehr abweichend von dem ſpätern Text
(11626—11629). Dort wird das Zaudern keineswegs damit erklärt, daß die
Seele zuvor die Verweſung abwarten will, ehe ſie den Körper verläßt, und an
Stelle des „Elements" iſt der Streit der Elemente getreten. Ueberdies und
V. 3.-6 bei der Umarbeitung nicht benutzt.

2.

Du kamst [kämst] mir eben recht,
Langweilig — weich Geschlecht.

Vergl. W.-A. 15 b, S. 246 und 11686 f.

—

3.

Was weicht ihr von der rechten Seite?
Entschließt euch kurz und gut zum Streite,
Setzt keck nach altem Teufelsbrauch.
Was fürchtet ihr die Blümeleyen?
Laßt sie doch schütteln, laßt sie streuen;
5   Es ist nur Schnee und schmilzt vor eurem Hauch.
Nun pustet fort ihr Püstriche.

Vergl. W.-A. 15 b, S. 161. Frühere Fassung von 11710--11716 als
Anrede des Mephistopheles an die Teufel. Zu V. 3 vergl. 11638.

——

4.

Du wanstiger Schuft mit den Feuerbacken,
Du siehst so recht vom Höllenschwefel satt —
Den hagern trüben krummgezognen Nacken,
Nun hangt nur glühend Blum und Blatt
                    Matt.
5   Seht, wie sie schrumpfen.

Vergl. W.-A. 15 b, S. 160. Frühere Fassung von 11636--11638.
V. 4 hangt — erscheint bedenklich. Zu V. 5 vergl. 11715 und 11721.

Zu 11966—11969.

Die hohe Geistestraft
Sie ist gerettet.

Vergl. W.-A. 15 b, S. 165. — Ein später mit Recht aufgegebenes Motto, da bei der Himmelfahrt Fausts geistige Bedeutung nicht in Betracht kommt.

Schema.

Chor der Büßerinnen. Maria Magdalena. Die Samari= terin. Chor. Gretchen. Seel[ige] Knaben. Gretchen. Mater gloriosa. Doctor Marianus. Chorus in excelsis.

Chor der Büßerinnen. Magna peccatrix. zu drey. Mulier Samaritana. zu drey. Gretchen. Seel[ige] Knaben. Fortsetzung. Gretchen. Mater gloriosa. Doctor Marianus. Chorus in excelsis.

5

Vergl. W.-A. 15 b, S. 244. Schema für 12032 bis zum Schluß, das in jedem einzelnen Punkte zur Ausführung gekommen ist. — Dem Schriftstück voran geht ein Spruch, der jedenfalls zu der Faustdichtung nur in entfernter Beziehung steht: „Die Natur bekümmert sich nicht um Irrtümer, sie selbst machts immer recht und fragt nicht, was daraus erfolgen kann."

Zu 11731—11734.

Frühere Fassung.

Nichts unbezwinglich,
Alles durchdringlich,
[Nichts ist unmöglich]
Dem Wahren, dem Licht.

Vergl. W.-A. 15 b, S. 162. Die oben bezeichneten Verse, welche diese ersetzen mußten, leiden an einer zum mindesten sehr harten Satzkonstruktion, während hier die Ergänzung des Verbums in V 1 und 2 keine Schwierigkeiten macht.

Varianten zu 11940—11941.

Begegnet in der selgen Schaar
Ihm herzliches Willkommen —

— — —

Er wandelt mit der Seeligen Schaar
Und bildet sich vollkommen.

Vergl. W.=A. 15 b, S. 165.

.

Fortgelassene Verse hinter 12075.

Verweile, weile,
Den Erdball zu Füßen,
Im Arme den Süßen,
Den göttlichsten Knaben;
Von Sternen umkränzet
Zum Sternall entsteigst du.

Vergl. W.=A. 15 b, S. 167 f. mit der Bemerkung „einem Gemälde nach=
gedichtet". Die Worte wären für Gretchen »Una poenitentium« bestimmt
gewesen, die der entschwebenden Mater gloriosa mit dem Christuskinde im
Arme nachruft.

— —

Zur Himmelfahrtsscene.

1.

In der allerreinsten Quelle
Badet der Bestaubte ja.

Vergl. W.=A. 15 b, S. 246 f., wo dieselben Worte noch in zwiefach
anderer Gestalt, aber mit ganz unwesentlichen Abweichungen gegeben werden.
Sie könnten allenfalls zu 12045—12052 gehören.

— —

Zur Himmelfahrtsscene.

2.

Chor der Engel.

(Engel indessen entschwebend.)

Liebe, die gnädige
Hegende, thätige,
Gnade, die liebende,
Schonung verübende
Schweben uns vor.   5
Fielen der Bande
Irdischer Flor,
Wolkengewande,
Tragt ihn empor.

Vergl. W.-A. 15a, S. 343 und 15b, S. 245 f. Die Strophe sollte vielleicht vor 11801—11808 oder nach 11817—11824 ihre Stelle finden, wurde aber aufgegeben, weil die Darstellung der Liebe in ihrer Allmacht bei dem wirklichen Abschluß besser zur Geltung gebracht werden konnte.

Anhang.

—

I. Fragmente.

Die hier numerirt folgenden Fragmente, die außerdem durch die Zahl bezeichnet sind, welche sie im 14. und 15. Bande der Weimarer Ausgabe haben, stehen mit „Faust" entweder in sehr losem oder wenigstens bis jetzt nicht nachgewiesenem Zusammenhang. Sie folgen hier teils nur dem Texte nach, teils von einigen Erläuterungen begleitet.

1.   P. 2. Treten des Elements. des Glückes Insufficienz.

2.   P. 13. Schola Druidica Faustus Scholasticus vagans. Murr 699.

Die Stelle ist in W.=A. verglichen. Sie findet sich in der Schrift von C. G. v. Murr „Beschreibung der vornehmsten Merkwürdigkeiten in Nürnberg." Nürnberg, Zeh. 1778. S. 699.

3.   P. 20.   Und Freude schwebt im Sternenklang
                 Uns nur im Traume vor.

———

In goldnen Frühlings Sonnen Stunden
Lag ich gebunden
An dies Gesicht

In holder Dunckelheit der Sinnen
Konnt ich wohl diesen Traum beginnen,
Vollenden nicht.

Die Verse, in denen wir keine Beziehung zu Faust finden, stehen in der Handschrift auf demselben Bogen, mit den Fragmenten S. 11 „Und merck dir" „Das hat schon."

1. P. 23. Gretel. Warum Gretel, laßt ihr euch Gretel nennen, so ist sie nicht getauft, Margret! so heißt sie — Wie Sie befehlen, Herr Docter, heißen sie mich, wie sie wollen.

Die Worte sind teils von Goethe, teils von seiner Mutter aufgeschrieben.

5. P. 30. Hippomanes. Insomnia paucis noct[is] hor[is] ne quidem placida quiete sed pavida miris rerum imaginibus. Furor. Somnambule. Summa Confidentia et nimius metus. Τοις ευτεχουσι και τομμετα παιδια. A sinistra cornix et picus a dextra corvus et aquila. Pl.[inius] epist. VI. 20, 21 ep. 443. Lymphati terrificis vaticinationibus et sua et aliena mala ludificabantur. 445. Non illi vis non granditas non subtilitas, non dulcedo nec lepor defuit.

Sammlung von Stellen aus Römischen Schriftstellern zu etwaigem späteren Gebrauche. Hinter aquila folgen noch die Worte, die an das griechische Citat sich anschließen: „O, welch ein Glück Welch ein frühzeitig Glück! Andre müssen sich 9 Monat schleppen. (Ein ander Weib muß sich 9 Monat schleppen."

6. P. 34.
Leuchtende Figur des Mephistopheles.]

7. P. 60.

Giebt's ein Gespräch, wenn wir uns nicht betrügen
Mehr oder weniger versteckt?
So ein Ragout von Wahrheit und von Lügen,
Das ist die Köcherey, die mir am besten schmeckt.

Die bereits in den „zahmen Xenien" (Ausg. l. H. 3, 251) mit der Abweichung „belügen" statt „betrügen" stehenden Verse haben eine entfernte Verwandtschaft mit Faust 170—173.

8. P. 62.

Die Welt geht auseinander wie ein fauler Fisch.
Wir wollen sie nicht balsamiren.

Gleichfalls in den „zahmen Xenien" (4, 350). Dort gehen noch die beiden
Verse voran:

Komm her! wir setzen uns zu Tisch,
Wen möchte solche Narrheit rühren!

Auf dem Blatte, dem die ersten Verse entnommen sind, stehen vorher
noch die Worte:

Er heißt sogar der große,
Und doch ist sein Gedicht nur unvernünftigre Prose.

8a. P. 70.

Meph[istopheles] als Physicien de la cour. Faust wie er
regieren und nachsichtig seyn wolle. Meph. — Schade für die
Nachkömmlinge.

Das erste ist ausgeführt 6319—6366; das zweite könnte doch nur seine
Beziehung auf eine Zeit haben, in der Faust bereits zu einer Machtstellung
gekommen ist, also nicht etwa die, da er Verwalter der vergrabenen Schätze ist,
sondern nur die nach seiner Belehnung, also am Anfang des fünften Aktes; es
will aber auch dorthin nicht passen.

9. P. 77.

Er will nur deine Künste sehn
Und dir die seinen produciren.

10. P. 78.

Ist völlig eins bey Hof und Stadt.

Die drei ersten Worte sind eine Korrektur aus „Das ist ganz einerlei".
Auf demselben Blatte mit der zahmen Xenie „Kennst du das Spiel ꝛc."(3, 251).

11. P. 92.

Das Lemuren-Lied (11531—11538 und 11604—11607), welches Goethe
aus Shakspeares Hamlet und Shakspeare wieder einer älteren Ballade entlehnt

hatte, zeigt hier nur wenige Abweichungen, 11534 regten statt rührten 11535 schleichende statt tückische und 11606 f.:

Für dich, o Gast, im Leinen Gewand
Ists gut genug gerathen.

12. P. 108.

Grüßet mich in meiner Laube,
Denn ich bin nicht gern allein;
Oben drängt [??] die reife Traube,
Bricht ein Sonnenblick herein.

(Eine Beziehung auf 5175, wie sie in W.-A. gemacht wird, ist möglich, aber nicht wahrscheinlich; sie würde doch nur auf dem Erwähnen der Laube beruhen. Eher möchte man die Strophe dem Westöstlichen Divan zuweisen.

13. P. 109.

Dich Poesie, den Reichthum, jenen Geiz.

14. P. 126.

Interloc[ution]. Sirenen (Chorus). Nereus. Proteus. Homunkul[us].

15. P. 130.

Das hätt er dencken sollen,
Das Uebel
    Böse kommt so wenig vor.

16. P. 131.

Das Böse, das Gute,
Ich weis es nicht, doch ist mir schlecht zu Muthe.

17. P. 141.

An deinem Gürtelkreis Natur
Auf Urberühmter Felsen Spur.

18. P. 143.

Ich kenne dich genau;
Da wo du bist ist mir der Himmel blau

Du bist des Lebens eignes [?] gerne
Ich sehe dich nicht gern in den Lichten Höhlen.

Vielleicht, wenigstens in den ersten beiden Versen auf den „Knaben Lenker"
zu beziehen. Vergl. 5699 f.

19. P. 144.

Hascht nach dem nächtgen Wetterleuchten.

20. P. 146.

Nicht so direckt, doch wohl im Kreise
Führ ich sie deinem Thron heran.
Verführen will ich dir sie duzzendweise,
Doch sie zu schlachten geht nicht an.

21. P. 147.

Wie wunderbar der Anblick thut dem Herzen
der [?] große tüchtige Zug.

Ist nur als Variante zu 7181 f. zu betrachten.

22. P. 151.

Der wirds wer unserm Ziele bringt,
Der sich so gar hernieder zwingt.

Schon diese beiden Zeilen geben keinen Sinn, noch weniger die beiden
in W.-A. noch folgenden, an denen kaum einige Worte lesbar sind.

23. P. 152,

Zum edlen Zweck es abzutreten frey —

Wird in W.-A. auf das Auge der Phorkyaden bezogen.

24. P. 153.

Hier von Scotusa bis zum Penens dort
Wo

25. P. 154.

Stets Rath bedürftig [bedürfend?] keinen Rath im Ohr
Und in Verzweiflung doch zuletzt,
Wenn Uebermaaß sich selbst ein Ziel gesetzt.

Auf die Klagen des Nereus bezüglich, darüber, daß die Menschen auf
keinen Rat nicht hören wollen.

26. P. 155.

Kennte der Jüngling die Welt genau,
Er würde im ersten Jahre grau.

Die Worte werden in W.-A. mit Recht dem Proteus zugewiesen und an
8332 angeschlossen — an den Wunsch des Homunkulus, Mensch zu werden.

27. P. 156.

Statt daß Ulyß sich binden ließ
Laß einmahl [unsern] guten Rath dich binden;
Kannst du den großen Chiron [der Großen Chöre] finden
Erfährst du was ich dir verhieß.

Variante zu 7209–7212. Statt des sehr auffälligen Ausdrucks „der
Großen Chöre" vermute ich auf Grund der allerdings ganz undeutlichen Handschrift die hier eingesetzten Worte.

28. P. 171.

O das ist unter allem verwünschten das verwünschteste.
Chor sag es an, du Häßliche
Phorkyas. Ihr Schönen! denn so belobt man wechselweise sich
Gesang bles giebt (?) so
Der Herr verpflichtet sich dem Diener wie dem Herrn
Der Diener sich.
Der Herr verpflichtet wie dem Herrn der Diener sich.

29. P. 185.

Das Menschengeschlecht, es quält sich eben   Im Besondern
und Allgemeinen.

30. P. 207.

Zart schwebend, aufnehmend,
Das oberste zu unterst kehrend.

31. P. 208.

In heiliger Liebes [Luft?] [Liebesbrand?]
Was männlich in der Brust,
Zu dir zu wenden.

Die Verse werden schon in älteren Ausgaben dem Doktor Marianus zu
gewiesen; der Text des ersten Verses ist aber ganz unsicher. „Liebes Lust"
kann nicht gelesen werden.

II. Zur Feststellung des Textes.

3, 3.) Formlosem — die Haupthandschrift (H.) „Formlosen".

3, 10. Die Worte „Zweyter Theil" sind an eine andere Stelle als in
W.-A. gebracht.

10, 38. „So seh ich nicht, daß man was übelnimmt" — nach
Goethes Handschrift und in Uebereinstimmung mit H.; W.-A. hat die Lesart:
„So seh ich daß man mir nichts übelnimmt."

19, 1, 2 und 15, desgl. 21, 39. — Die orthographischen Abweichungen
der Hs. von den späteren Drucken sind wieder hergestellt. So giebts, Gespiel, seyn, großer statt giebt's, Gespiel', seyn, Großer.

27, 2 v. u. Tauft" — W.-A. Kauft. Vergl. die Anmerkung zu der
betreffenden Stelle.

28, 13. Leute — wahrscheinlicher als Lent.

30, 4. Durchgehn — W.-A. durchgehen).

30, 5. Vor „recht wohl zu dienen" steht noch durchstrichen „Befinde mich."

38, 46. Stutze — nach H. und W.-A., die bisherigen Ausgaben
„Spitze".

38, 49. mir es — nach H.; W.-A. es mir.

58, 2. Oeffnung der Kiste   ist anders gestellt als in W.-A.

58, 6—8. Fürst . . . bilden   Worte, die am Rande der Handschrift stehen.

68, 3. (Zu 6297—6299.) Vergl. die Anmerkung zu dieser Stelle.
Für „io" ist vielleicht sie zu lesen.

71, 12. Etymologische   beyder   eigenhändiger Zusatz am
Rande, ebenso am Rande 72, 13 Centauren, Graien und 72, 15 Manto — Tochter.

74, 21. jedem — H. jeden.

75, 41. wandern — nach H. ist auch „wandeln" möglich, was freilich
nicht sehr in den Zusammenhang paßt.

75, 52. Hier treffen sie — W.-A. Hier auf der Heide
treffen sie zuerst. — Die bei uns fehlenden Worte sind in H. gestrichen.

76, 73. Nun erscheinen — in W.=A. noch mit dem Zusatze: „un-zählbar vermehrt".

76, 71. entschiedenen nach H.; W.=A. verschiedenen. Das erste Wort gibt einen guten Sinn; es drückt die Bestimmtheit einer Gestalt im Gegensatz zu der Wandelbarkeit der andern aus.

79, 171. herüber hinüber in dieser Reihenfolge auch sonst bei Goethe häufig, zum Beispiel Faust 1925, 3796, ist nach der Hs. wahrscheinlicher als „hinüber, herüber".

80, 211—212. In deren ... scheint — am Rande.

82, 1—2. Pharsalische ... Nachgesicht desgl.

82, 9. Meph. und Lamien desgl.

82, 11-12. Faust ... Seismos — desgl.

82, 13—83, 1. Steinregen — Anaxagoras desgl.

84, 7—8. Anfrage - Unterhaltung desgl.

84, 15. Hinter Troas sind die nachfolgenden Worte in der Hs. gestrichen: „Derselbe. Die Phorkyaden. Abschluß dieser Unterhaltung."

89, 22. Erstürmt nach der Hs., W.=A. gestürmt.

99, 6—11. Neben diesen Versen stehen noch die Worte: „Schwäne Rohr Tanz. Grad oder ungrad. Schöne Weiber."

99, 14—15. „Schweigende Orakel. Kartenschlagen und Händedeutung" — am Rande.

99, 14. betrogen — vielleicht der Hs. und dem Sinne nach richtiger als „belogen".

104, 3. Skizze 9127 ff. Entführung W.=A. Entstehung.

104, 7-9. Schwangerschaft Merkurs (W.=A. Merkur) a. R

105, 5. Aus der (Fingreisens — am Rande.

105. Anmerkung zu Z. 5 Germanen; W.=A. Germane.

109, 4. durch; W.=A. von.

124, 19. Hinter „Menge" — am Rande: „Der Vortrab des Fein-des. Massen mit Piken. Das ist die Menge. Vorstadt. Später auch in Menge" Hauptstadt ein. — Die Hs. führt eher auf den Wort-laut: „Später mag die Menge Hauptstadt seyn", wodurch freilich für den Sinn nicht viel gewonnen wird.

124, 20. festgehalten; W.=A. wird festgehalten.

125, 9. Zelt - Filebeute am Rande.

126, 3. Zu 10198-10232. Von mächtigem Drängen, sachtem erscheint nach der Hs. sicherer als Vom mächtigen Drängen, sachten.

142, 1. (Zur Himmelfahrtscene.) In der allerreinsten Quelle: W.=A. In den allerreinsten Quellen.

147, 9. dir; W.=A. die.

150. Unter 26 P. 156: „Den großen Chiron" Siehe die An-merkung zu dieser Stelle.